农村股份经济合作社
治理结构法律制度研究

NONGCUN GUFEN JINGJI HEZUOSHE
ZHILI JIEGOU FALÜ ZHIDU YANJIU

孙迎春◎著

中国政法大学出版社

2020·北京

声　　明　　1. 版权所有，侵权必究。

　　　　　　2. 如有缺页、倒装问题，由出版社负责退换。

图书在版编目（CIP）数据

农村股份经济合作社治理结构法律制度研究/孙迎春著. —北京：中国政法大学出版社，2020.8
　ISBN 978-7-5620-9621-4

　Ⅰ.①农… Ⅱ.①孙… Ⅲ.①农村股份合作经济－合作社法－研究－中国 Ⅳ.①D922.44

中国版本图书馆 CIP 数据核字(2020)第 156269 号

出　版　者	中国政法大学出版社
地　　　址	北京市海淀区西土城路 25 号
邮寄地址	北京 100088 信箱 8034 分箱　邮编 100088
网　　　址	http://www.cuplpress.com（网络实名：中国政法大学出版社）
电　　　话	010-58908586(编辑部) 58908334(邮购部)
编辑邮箱	zhengfadch@126.com
承　　　印	固安华明印业有限公司
开　　　本	880mm×1230mm　1/32
印　　　张	7.75
字　　　数	200 千字
版　　　次	2020 年 8 月第 1 版
印　　　次	2020 年 8 月第 1 次印刷
定　　　价	49.00 元

序 PREFACE

孙迎春博士的著作《农村股份经济合作社治理结构法律制度研究》对我国农村股份经济合作社进行了比较深入系统的研究，在理论框架和实务操作方面都做了有意义地探索，是一本理论联系实际的书。

农村集体经济组织是我国改革开放的产物，自人民公社制度改革以来，农村集体经济组织就取代了原来人民公社的经济管理的法律地位，对农村的生产效应起到了基本的管理作用。农村集体经济组织脱胎于人民公社，人民公社不但有集体经济管理的功能，而且有社会管理的功能，而现行的农村集体经济组织主要的功能是集体经济管理，很少具备社会管理的功能，但由于我国幅员辽阔，各地的政治经济发展程度差异很大，在一些地方农村集体经济组织也还保留了人民公社社会管理的功能，例如一些农村集体经济组织就是将整个村庄所有的村民都纳入户籍（辅助）管理、经济生产和分配管理，合作社组织与村民委员会是两块牌子一套人马，等等。

因为农村集体经济组织不但具有经济管理的功能，而且还具备一定的社会管理的功能，所以其产生的问题就既有经济管理的问题，也有社会管理的问题，并且经济管理问题和社会管理问题交织，就使农村集体经济组织的各种矛盾复杂化和多样化。而要解决这些问题不能"头痛医头脚痛医脚"，而应当从根本上解决，也就是要抓住主要矛盾。农村集体经济组织的主要矛盾是什么呢？就是治理结构的问题。

农村股份经济合作社是新时代的农村集体经济组织，它的治理结构包括权力机构、经营管理机构和监督机构，此书就是抓住了治理结构进行研究，剖析了农村股份经济合作社治理结构中存在的问题，认为只要权力机构（社员大会）能够发挥作用，就能团结和凝聚人心，只要人心没有相斥，就能齐心合力，就能把合作社的事情做好。尊重成员、发挥成员的作用是组织法的主要原则，各种组织章程莫不称奉成员作用，但实际上成员权利很多是被写在纸上挂在墙上，真正发挥作用的情形并不多。这是为什么呢？这个问题几乎是所有农村股份经济合作社治理的难题，难就难在社员不能有效地参加社员大会，即使参加了社员大会，也会因其自身原因也往往不能站在社员的立场看待合作社的生存和发展，经常会自觉不自觉地以自身的利益优先于合作社的利益，其结果就是难以有效地使社员的力量往一个方向凝聚，不少合作社就是因为社员的力量不能凝聚在一起而经营潦倒、发展困难，这是农村股份经济合作社发展困难的主要矛盾，抓住这个矛盾就可以使农村股份经济合作社的经营和发展步入正常的轨道。

农村股份经济合作社治理对建设社会主义新农村的作用巨大，虽然存在问题很多，但合作社总是要发展的，各种各样的问题总是在发展中被克服、被解决的，事物总是在运动中发展，合作社也是在经营中通过发展不断地解决自身的问题，不断地前进。即使在发展中有可能遇到巨大的困难，但通过合作社从内部解决矛盾的做法，加之有国家税收优惠、财政支持、金融扶助等外部支持，合作社总会克服种种困难，在运动中前进。

这本书的主要意义就是为解决农村股份经济合作社治理结

构的内部矛盾提供一些理论支持,具有非常重要的现实意义。孙迎春是一个青年教师,很欣慰能够通过她的著作看到年轻教师对农村、对社会的责任感,希望通过其进行的更为深入地研究,为我国农村经济改革贡献更多的理论力量。

是以为序。

中国政法大学　管晓峰教授

2020 年 7 月 20 日

目 录

序 …………………………………………………… 001

绪　论 ………………………………………………… 001

第一章　农村股份经济合作社概论 …………………… 008
　第一节　合作社概论 ………………………………… 008
　第二节　农村股份经济合作社的特征 ……………… 024
　第三节　农村股份经济合作社的法律地位 ………… 040

第二章　农村股份经济合作社治理的基础理论问题 …… 047
　第一节　农村股份经济合作社治理的支撑理论 …… 047
　第二节　农村股份经济合作社治理的基本原则 …… 054
　第三节　农村股份经济合作社治理结构的构建思路 … 061

第三章　农村股份经济合作社权力机构的组织基础
　　　　——社员 …………………………………… 063
　第一节　社员资格的取得 …………………………… 063
　第二节　社员股权的类型 …………………………… 079
　第三节　社员资格的丧失 …………………………… 086

第四节 社员的权利 ………………………………… 090

第四章 农村股份经济合作社的权力机构——社员大会 … 099
第一节 权力机构的组织形式 ……………………… 099
第二节 权力机构的表决形式 ……………………… 116
第三节 权力机构的权力配置 ……………………… 127

第五章 农村股份经济合作社的经营管理机构 ………… 135
第一节 经营管理机构的组织形式 ………………… 135
第二节 董事会 ……………………………………… 142
第三节 经　理 ……………………………………… 166

第六章 农村股份经济合作社的监督机构 ……………… 180
第一节 农村股份经济合作社监督机构的实证研究 … 181
第二节 监督机构有效性的实质因素 ……………… 192
第三节 农村股份经济合作社监督机构的组织形式 … 199
第四节 监事会的职权与组成 ……………………… 210
第五节 内部监督机制的协调 ……………………… 223

第七章 结　论 …………………………………………… 226

参考文献 …………………………………………………… 230

后　记 ……………………………………………………… 241

绪 论

一、研究背景

改革开放以来我国农业农村发展取得了巨大的成就，农村集体资产大量积累。具体到一个村里，有的村有几十万元的集体资产，有的村有几百万元的集体资产，有的村甚至有几千万、数亿元的集体资产。一方面，农民分享集体经济发展成果的期盼愈加强烈；另一方面，农村集体产权虚置，集体资产被挪用、侵吞、贪占的现象时有发生；再一方面，"一家一户"的小农经济生产方式严重制约我国农业农村的现代化进程。农业农村的发展迫切需要实行农村集体产权制度改革，以解决上述问题。

党的十八大以来，农村集体产权制度改革被持续推进，不断深化。2016年12月中共中央、国务院《关于稳步推进农村集体产权制度改革的意见》[1]提出："由点及面开展集体经营性资产产权制度改革。有序推进经营性资产股份合作制改革。……力争用5年时间完成农村集体产权股份合作制改革。"[2]2017年中

---

[1] "中共中央国务院关于稳步推进农村集体产权制度改革的意见"，载《人民日报》2016年12月30日。

[2] 2016年12月中共中央、国务院《关于稳步推进农村集体产权制度改革的意见》以2013年党的十八届三中全会《中共中央关于全面深化改革若干重大问题的

央1号文件《关于深入推进农业供给侧结构性改革 加快培育农业农村发展新动能的若干意见》提出："稳妥有序、由点及面推进农村集体经营性资产股份合作制改革。"[1]2017年10月,党的十九大报告强调:"深化农村集体产权制度改革,保障农民财产权益,壮大集体经济。"[2]2018年中央1号文件《关于实施乡村振兴战略的意见》提出:"加快推进集体经营性资产股份合作制改革。"[3]2019年中央1号文件《关于坚持农业农村优先发展做好"三农"工作的若干意见》提出:"加快推进农村集体经营性资产股份合作制改革,继续扩大试点范围。总结推广资源变资产、资金变股金、农民变股东经验。"[4]

股份合作制是农村集体产权制度改革的主要方式。在中央一

(接上页)决定》和2014年原农业部、中央农村工作领导小组办公室和原国家林业局《积极发展农民股份合作赋予农民对集体资产股份权能改革试点方案》为基础。2013年党的十八届三中全会《中共中央关于全面深化改革若干重大问题的决定》提出"保障农民集体经济组织成员权利,积极发展农民股份合作,赋予农民对集体资产股份占有、收益、有偿退出及抵押、担保、继承权"的要求。2014年原农业部、中央农村工作领导小组办公室和原国家林业局《积极发展农民股份合作赋予农民对集体资产股份权能改革试点方案》落实十八届三中全会的精神,提出"积极发展农民股份合作。按照"归属清晰、权责明确、保护严格、流转顺畅"的现代产权制度要求,开展以清产核资、明确债权债务、资产量化、股权设置、股权管理、收益分配等为主要内容的农村集体产权股份合作制改革"。本书以2016年12月中共中央、国务院《关于稳步推进农村集体产权制度改革的意见》为标志性节点文件,在于其是第一份明确提出"农村集体产权股份合作制改革"的中央文件。

[1] "中共中央国务院关于深入推进农业供给侧结构性改革加快培育农业农村发展新动能的若干意见",载《人民日报》2017年2月6日。

[2] "习近平:决胜全面建成小康社会 夺取新时代中国特色社会主义伟大胜利",载《人民日报》2017年10月28日。

[3] "中共中央国务院关于实施乡村振兴战略的意见",载《人民日报》2018年2月5日。

[4] 参见中共中央、国务院《关于坚持农业农村优先发展做好"三农"工作的若干意见》,载中华人民共和国中央人民政府网站,http://www.gov.cn/zhengce/2019-02/19/content_5366917.html,最后访问时间:2020年7月15日。

系列政策的大力推动下，农村股份经济合作社如雨后春笋般在中华大地上不断涌现。2019 年，农村集体产权制度改革试点扩展到 12 个省份、39 个地区、463 个县。农村股份经济合作社蓬勃发展，农村集体产权制度改革不断取得新的硕果。

农村集体产权制度改革和农村股份经济合作社建设已经取得了阶段性佳绩。但是，农村股份经济合作社治理相关立法和制度研究严重滞后于实践需求。2019 年中央 1 号文件《关于坚持农业农村优先发展 做好"三农"工作的若干意见》提出"研究制定农村集体经济组织法"，但农村集体经济组织相关立法尚未列入国家立法规划。法学界近年来对农村股份经济合作社多有关注，然而关注点多集中于农村集体经济组织或农村股份经济合作社的法律地位论证、社员资格确认、股权流转路径以及税收优惠政策等问题。农村股份经济合作社治理问题在立法上和理论上较少获得关注。

在当前的农村集体产权制度改革实践中，农村股份经济合作社治理结构建设存在明显问题。一是路径依赖严重。普遍以国际合作社联盟制定的规则和我国公司法律制度为蓝本，拼凑农村股份经济合作社治理结构的法权规则，对农村股份经济合作社的特殊性认知不足。二是有效性不足。农村股份经济合作社治理结构的建设不足以支持其有效运行，内部人控制问题难以规制，持有股份的社员对合作社资产状况掌握的信息有限，村干部在集体资产经营和处置中权力过大，"小官巨贪"现象确实存在。三是政社合一问题严重。农村股份经济合作社治理结构欠缺独立性，受各级政府行政干预较多。从实际情况观察，多数农村股份经济合作社治理结构的模式选择和法权规则设计要么千篇一律抄袭示范文本，要么避重就轻粗制滥造，在农村股份经济合作社运行中几乎不能发挥任何实质作用。

农村股份经济合作社治理结构不科学、不合理、不完善，致使普遍存在的"内部人控制"问题无法得到规制，农村集体产权虚置，农民权益和集体经济利益常常遭遇严重的侵害。2016年12月中共中央、国务院《关于稳步推进农村集体产权制度改革的意见》和2018年中央1号文件中共中央、国务院《关于实施乡村振兴战略的意见》都再三要求，要防止内部少数人控制和外部资本侵占集体资产。[1]当前，开展农村股份经济合作社治理结构的法律制度研究具有必要性和紧迫性。

二、研究对象

农村股份经济合作社是在坚持农民集体所有的前提下，将农村集体资产可分配权益折股量化到人，社员民主管理，并且根据所持股权比例分享红利的一种合作社法人。农村股份经济合作社的本质是合作社，相较于其他民商事主体，具有集体经济属性、合作经济属性、股份经济属性、社区属性、营利属性等特性。其股权结构也较为特殊，呈现出股权高度分散而社员紧密联系的特点。

农村股份经济合作社、农村集体经济组织和农民专业合作社三个术语在农村、农民相关经济组织的研究中常常被混淆使用。本书所指农村股份经济合作社是经过股份制改革的农村集体经济组织，是农村集体经济组织的一种。农村股份经济合作社具有农村集体经济组织的共性，亦有其区别于非股份化农村

---

〔1〕 2016年12月中共中央、国务院《关于稳步推进农村集体产权制度改革的意见》提出，"改革后农村集体经济组织要完善治理机制，制定组织章程，涉及成员利益的重大事项实行民主决策，防止少数人操控"。2018年中央1号文件《关于实施乡村振兴战略的意见》提出要"维护农村集体经济组织特别法人的地位和权利"，"防止内部少数人控制和外部资本侵占集体资产"，这些要求意味着农村股份经济合作社治理结构要依法优化和完善。

集体经济组织的特性。目前的实践和理论研究中，论及权力机构、经营管理机构、监督机构的农村集体经济组织均指股份经济合作社这一特殊股份化农村集体经济组织。在此，二者可作同一意思理解。农民专业合作社在《农民专业合作社法》第2条中有明确定义，是指"在农村家庭承包经营基础上，农产品的生产经营者或者农业生产经营服务的提供者、利用者，自愿联合、民主管理的互助性经济组织"。农民专业合作社并不具备农村股份经济合作社"集体经济"的特征。在《民法典》第96条特别法人制度框架下，农村股份经济合作社属于农村集体经济组织法人，农民专业合作社属于城镇农村的合作经济组织法人。农民专业合作社与农村股份经济合作社是不同类型的民商事主体，二者不可作同一对象研究。

农村股份经济合作社治理结构法律制度研究不能简单地搞"拿来主义"。不同立法例上不同商事组织的不同治理结构，均不必然具有绝对的制度优越性。任何治理结构要想有效实现其制度目标，均需与其所服务的商事组织的特性高度契合，并与该商事组织的内外环境相匹配。

商事组织的治理结构，以所有权与经营管理权是否分离作为分类标准，可以分为两类：一类是所有权与经营管理权合一的商事组织，如小型合伙企业。我国《合伙企业法》第26条第1款规定："合伙人对执行合伙事务享有同等的权利。"在小型合伙企业中，由于所有者与经营管理者合一，所有权与经营管理权合一，其治理结构设置较为随意，法律不做规定，多由合伙人自行商定。一类是所有权与经营管理权分离的商事组织。在这一类商事组织中，根据经营管理者是一个人还是一些人进一步分为"所有者——经理"结构和"所有者——董事会（经理）"结构。前者以康孟达为代表，后者以股份公司为代表。

"所有者——董事会（经理）"结构根据是否独立设立监督机构以及监督机构的不同地位，又可以进一步分为一元结构垂直二元结构和平行二元结构等。

农村股份经济合作社是典型的所有权与经营管理权两权分离的商事组织，治理结构的法律制度研究必然围绕权力机构、经营管理机构和监督机构三个方面。本书立足农村股份经济合作社的特征，充分考虑其存在的时空环境，结合其在新时代承载的制度功能和谋求的利益诉求，以科学的原则为指导，运用商事组织治理理论，开展治理结构的法律制度研究。权力机构方面，围绕社员大会的组织基础、组织形式、表决机制、权力配置等问题开展研究；经营管理机构方面，围绕经营管理机构的模式选择、农村股份经济合作社剩余权力的归属、独立董事制度的取舍、职业经理人制度的构建等问题开展研究；监督机构方面，在比较不同立法例及不同商事组织监督机构模式差异，分析监督机构有效性实质影响因素的基础上，从农业、农村、农民的实际特点和能力出发，构建契合农村股份经济合作社的监督机制。

三、本书创新

关于农村股份经济合作社治理结构法律制度的相关专题研究不多。相较于既往研究，本书有四点创新之处。

一是以新时代新思想作为推进农村股份经济合作社治理结构法律制度研究的指引。党的十九大报告指出："实施乡村振兴战略。深化农村集体产权制度改革，保障农民财产权益，壮大集体经济。"2018年中央1号文件《关于实施乡村振兴战略的意见》指出："深入推进农村集体产权制度改革。全面开展农村集体资产清产核资、集体成员身份确认，加快推进集体经营性资产股份合作制改革。推动资源变资产、资金变股金、农民变股东,探索农村集体经济新的实现形式和运行机制。"本书以习近平新时代中国特色社会主义思想和党的十九大精神为指导,注重农村集体经济组织股份制改革的综合性和社会性,以期能够促进集体经济壮大和农民权益保护。

二是以新改革新政策为对象进行精细化和系统化分析。本书系统梳理与"农村股份经济合作社"建设相关的理论学术研究成果、政策性文件以及试点实践经验,构建"政策——实践——理论"三位一体的研究框架。一方面,对"农村股份经济合作社治理结构法律制度研究"中的重点问题进行"小而准"的专项攻关;另一方面,对农村股份经济合作社治理结构进行创新性、突破性、统筹性的宏观综合研究。

三是以跨学科研究丰富深化农村股份经济合作社的法学理论。本书在研究过程中并非将视角局限于法律体系自身的发展,而是积极汲取社会学、经济学等相关学科在"农村股份经济合作社"方面的研究成果,并运用不同学科的研究方法进行充分调研,丰富深化农村产权制度改革的具体理论。

四是以超大量调研实践为立足点,破解农村股份经济合作社发展和司法实践中的难题。在调研实践中,本书将中国农村按照类型差异划分为七个区域,华南区域、长江区域、黄河区域、西南区域、西北区域、东北区域、东南区域。通过分区域取样进行充分调研,发现、分析、整合农村股份经济合作社发展中的实践难题,开展专项攻关,进行整合并形成完整的理论体系。

第一章 农村股份经济合作社概论

第一节 合作社概论

一、合作社的概念

国际合作社联盟（ICA, International Cooperative Alliance）在《关于合作社界定的声明》（*Statement on The Cooperative Identity*）中，界定"合作社是指人们自愿联合，通过联合所有（Jointly-Owned）和民主控制（Democratically-Controlled）以满足他们共同的经济、社会和文化需求和抱负的自治团体"。[1]该定义至少强调了四方面的内容：①合作社是社员自愿联合的自治组织，因此合作社必须充分尊重社员自主意愿，实行入社自由、退社自主的原则；②为社员利益服务是合作社的存在目的，合作社不仅要为社员提供经济服务，也要为满足社员的社会和文化需求做出努力；③合作社的产权属于社员共同所有，合作社的原始资源由社员入股提供；④合作社实行民主管理制度，一般情况下，合作社的决策制度应当为民主决策，实行社员"一人一票"的表决机制。

在国际合作社联盟之外，许多国家和地区也有独立的合作

---

〔1〕 参见《关于合作社界定的声明》，载国际合作社联盟网站：https://www.ica.coop/en/cooperatives/what-is-a-cooperative，最后访问时间：2020年7月15日。

社立法，从不同方面对合作社进行了充分定义。如《德国工商业与经济合作社法》第 1 条规定："合作社是通过共同的业务经营促进其成员收益和经济或者成员的社会或文化利益为目的的不限定成员人数的团体法人。"[1]《法国农业合作社法》第 1 条规定："合作社是由几个人自愿联合起来，通过共同努力和建立必要手段来满足其经济或社会需要而成立的法人。"[2]《欧洲共同合作社法》在前言部分第 6 条规定："合作社是一种以民主控制和利润平均分配为原则的个人或者法人的联合体。"[3]我国《农民专业合作社法》第 2 条规定："本法所称农民专业合作社，是指在农村家庭承包经营基础上，农产品的生产经营者或者农业生产经营服务的提供者、利用者，自愿联合、民主管理的互助性经济组织。"从合作社定义条款本身孤立来看，不同国家和地区在立法中对合作社内涵的认定差异很大，德国强调合作互助，法国强调自愿联合，欧盟强调民主控制和利润均享。而从各国合作社法规的所有条文整体来看，世界各国、各地区普遍强调合作社应当具有自愿联合、联合所有、民主控制、利润均享、团结互助等特性。

二、合作社的原则

"合作原则是一种抽象思想的制度，即合作者们从其自己的

---

[1] 参见王东光："德国工商业与经济合作社法"，载王保树主编：《商事法论集》，法律出版社 2007 年版，第 319~369 页。

[2] 参见《法国农业合作社法》，载法国法律公开网站：https://www.legifrance.gouv.fr/affichCode.do?cidTexte=LEGITEXT000006071367，最后访问时间：2020 年 7 月 15 日。

[3] 参见《欧洲共同合作社法》，载欧盟法律公开网站：https://eur-lex.europa.eu/legal-content/EN/TXT/?uri=CELEX:32003R1435，最后访问时间：2020 年 7 月 15 日。

实践经验中归纳出来的,并在过去已证明对所有那些意欲建立有效的和持久的合作社是最为合适的指导方针。"[1]当代学者所归纳的此种被认为能为合作社运行的有效性和持久性提供指导的原则由来已久,可以追述至1844年成立的罗虚代尔公平先锋社——世界上第一个成功的合作社。罗虚代尔公平先锋社章程所确立的原则有:①自愿原则;②民主管理原则;③惠顾返还原则;④现金交易原则;⑤社员内部募资原则;⑥公平交易原则;⑦重视社员教育原则;⑧政治中立原则。罗虚代尔公平先锋社章程确定的这些原则,涵盖了合作社的组织原则、经营原则、股本来源原则、利润分享原则、文化发展原则和政治原则等多个方面,因其有效性与正确性,在诞生之后的一个多世纪里一直被人们遵循。国际合作社联盟前主席马卡斯对合作原则的一脉相承给予了高度评价:"回顾合作社的历史,有一点是十分清楚的:一个多世纪以来,罗虚代尔的原则没有实质性的改变。"[2]

国际合作社联盟在其成立之初(1895年)"便把阐明和推行合作社原则作为它的一个目标",[3]在32年后(即1927年)的国际合作社联盟大会上,国际合作社联盟进一步发展了罗虚代尔原则,将其表述为:①社员资格开放原则;②民主控制原则("一人一票"原则);③按社员交易份额分配剩余原则;④资本收益有限原则;⑤政治、宗教中立原则;⑥现金交易原则;⑦促进教育原则。其中,社员资格开放原则、民主控制原则、

---

[1] 孔祥俊:《中国集体企业制度创新——公司制·合作制·股份合作制》,中国方正出版社1996年版,第120页。

[2] 白立忱主编:《外国农业合作社》,中国社会出版社2006年版,第114页。

[3]《国际合作社联盟章程》第2条第b项规定,国际合作社联盟"以促进并保护合作社的基本价值与原则"为其宗旨。中华全国供销合作总社国际合作部编:《国际合作社联盟》,中国社会出版社2009年版,第136页。

按社员交易份额分配剩余原则、资本收益有限原则是关乎合作社本质的根本性原则。这七条原则都直接继承了1844年罗虚代尔公平先锋社章程的精神，而由"政治中立"到"宗教、政治中立"，从"自愿原则"到"资格开放原则"则是在20世纪初第二次工业革命的成果被广泛应用的背景下，资本主义社会进步发展所推动的资本国际化进程中，合作社蓬勃发展的需要与证明。

随着实践的不断深入与认识的不断提高，合作社原则也在不断修订以适应经济世界的发展需要。1966年，在调查成员组织贯彻罗虚代尔原则的基础上，国际合作社联盟听取合作社原则委员会报告，并接纳其建议，将罗虚代尔原则修订为以下六项：①社员资格开放与自愿原则；②民主管理原则；③股份资本限制分红原则；④营利公正分配原则；⑤促进教育原则；⑥国内外合作社之间进行合作的原则。此六项原则中，前五项与之前的合作社原则一脉相承，而第六项则是时代背景下的新生儿，它所强调的不再是合作社与社员之间的关系，而是合作社与合作社之间的相互促进关系，国际合作社联盟冀图以此在全世界范围内推广合作社，促进合作社之间的良好互动与共同成长，以增强合作社经济实力，共同应对世界各国的本位主义收缩与保守主义。

1995年，国际合作社联盟在成立一百周年大会上，再次修订了合作社的七项原则，[1] 分别为：

原则一：自愿与开放的社员制度。合作社致力于为社员提供服务和就业机会，尊重社员的自主意愿，对愿意承担相应义务的社员，合作社采取开放态度，不存在性别、社会、种族、政治抑或宗教的歧视，并保障社员的入社与退社自由。

---

[1] See *Statement on the Co-operative*, International Co-operative Alliance, 1995.

原则二：民主控制。"合作社是由主动参与制定其自身政策和作出决策的社员们控制的民主组织。"[1]合作社采取民主管理制度，社员大会为合作社的决策组织，采取"一人一票"的表决机制来决定合作社的方针和重大事项。对于入社社员，不分股份份额，一律采取"一人一票"的民主表决机制，保障充分照顾每一位社员的民主权益。

原则三：社员经济参与。社员须公平入股，入股资金作为合作社的整体发展资金，社员出资不得抽逃。对于为取得社员资格而缴纳的资本报酬，实行资本报酬有限原则。

原则四：自治和自立。合作社是由社员民主控制的自治、自立的组织。"合作社要与其他组织包括政府达成或从外部筹集资金，必须以确保社员的民主控制和维护合作社的自主权的方式进行。"[2]合作社在处理外部关系时，应当将确保社员的民主控制和合作社的独立自治作为首要宗旨。

原则五：教育、培训和告知。合作社不仅应当满足社员的经济需求，并且应当为社员提供文化和教育的机会，以助力于社员的成长；合作社应当面向公众（尤其是年轻人和意见领袖）广泛传播合作社的性质和优点。

原则六：合作社间的合作。合作社应尽力与合作社进行区域、国家及全球间的合作，促进合作社的协同发展；

原则七：关心社区。合作社在提供社员发展的基础上，应当促进合作社所在社区的提高。

这七项原则共同构成了合作社之所以成为合作社的生存系统，囊括了从社员构成、入社关系到合作社之间的关系，乃至

---

[1] 王玉梅：《从农民到股民——农村社区股份合作社基本法律问题研究》，中国政法大学出版社2015年版，第58页。

[2] 唐宗焜：《合作社真谛》，知识产权出版社2012年版，第27页。

合作者与政府为代表的外部因素的关系各个方面。合作社原则不断修订的历程,也是合作社诞生以来不断面临新情况、新形势而日益完善的过程。虽然不同时期的合作社原则不尽相同,但总的来说,都是在一脉相承的基础上不断丰富的,而这种丰富的进程正是合作社的进步之所在。

三、合作社的种类

(一)服务合作社

服务合作社是最早出现的合作社形式之一,指的是以服务为主要方式,以为社员提供便利为主要目的的合作经济组织,其主要提供的服务类型有租赁、劳务、医疗、保险、技术信息服务等。

每当人们对合作社的历史渊源进行考察,第一个想到的,往往是上文提到的罗虚代尔公平先锋社——一个于1844年成立的消费服务合作社。但从严格意义上讲,在世界合作社发展史上,甚至在英国合作社发展史上,罗虚代尔公平先锋社都绝非是第一个产生并存在的合作社。早在19世纪初,英国政府为了应对工业革命带来的经济萧条,就成立了一些合作社,这些合作社也存在过一段时间;同时,在美国的一些地区,农民也开始联合加工农产品。然而,罗虚代尔公平先锋社凭借其成功的经营管理规则和合作纲要,经历百余年发展,历久弥新,发展壮大。

罗虚代尔公平先锋社,成立于1844年。当是时,28位普通纺织工人在罗虚代尔共同出资成立一家小商店,谁也没想到这家由28位工人每人出资一英镑成立的小商店在合作社运动中留下了浓墨重彩的一笔。这28名工人既是商店的出资人,也是商店的顾客。起初,罗虚代尔公平先锋社只销售一些社员们所必需的食品，后来，渐渐扩展到其他领域，如金融、房地产等。从1844年至今，历经176年，罗虚代尔公平先锋社从罗虚代尔的小商店走向全世界，成为了全球范围内规模最大、资产总量最大、职工最多、服务门类最为齐全的消费服务合作社之一。

以罗虚代尔公平先锋社为代表的早期合作社，其产生有其特殊的历史原因。从经济原因来看，资本主义制度下资本家与无产阶级的内在矛盾是合作社产生的根本原因。伴随工业革命的持续推进，旧有手工业生产关系为机器生产所取代，工人成为机器的附庸，机械化生产带来了生产力的不断提高，社会财富流向趋于集中，工业资本家垄断了社会的大部分财富，工人的生产资料被资本家占有，只能靠出卖劳动力换取生存资料。然而大多数资本家贪得无厌，持续剥削工人的剩余劳动力。劳动者为保障自己最基本的生存权利，必须以弱者联合的形式，对抗强大的资本家。从制度原因来看，工业革命带来的生产力进步在改变了旧有生产关系的同时，也催生了一系列社会制度的变革，其中最重要的就是经济资源的产权制度变革。控制社会财富的资产阶级以基本制度的形式确立了私有财产神圣不可侵犯的内容，资本家因此有合法的理由占有无产阶级为他们生产的财富；另一方面，私有财产的产权观念也使无产阶级拥有自己的经济资源成为可能，他们更加有动力联合起来反抗资本主义的剥削，通过合作社的形式，合法拥有自己的财产。从思想原因来看，工业革命引发的劳资关系的内在矛盾影响深远。大量富有同理心的思想家洞察到资本家与无产阶级之间地位、财富的严重不平衡，以及由此带来的二者的紧张关系，怀有对无产阶级工人的深切同情与矫正畸形社会关系的无限关怀，创立了数种至今都影响巨大的政治哲学，如空想社会主义理论和基督教的社会主义理论等。

(二) 劳动联合型合作社

劳动联合型合作社，又称生产合作社。劳动联合型合作社的特点是，员工身份和社员身份是统一的，合作社并不需要向社员提供服务，而是由社员向合作社提供劳动。有的学者认为："从某种角度来看，劳动联合型合作社的社员也是合作社的使用者，合作社向其提供的工作岗位即类似于服务型合作社为其社员提供的服务，社员向合作社贡献的劳务量即为其与合作社的交易量，而工资或者劳动分红就是回顾返还。"[1]这种描述意图在劳动联合型合作社与服务型合作社的不同之中寻找共性，旨在论述劳动联合型合作社亦是符合合作社的原则和宗旨的，只是二者发挥作用的领域和具体的承载形式不同而已。

西班牙蒙德拉贡合作社是世界上首家劳动联合型合作社，也是当今全球范围内规模最大的合作社之一。蒙德拉贡合作社成立于1956年的西班牙蒙德拉贡，蒙德拉贡位于西班牙和法国交界之处，非常贫穷，第二次世界大战的爆发使该地区的经济雪上加霜，大批民众开始失业。1941年，牧师唐·何塞·马利亚被派往蒙德拉贡神教区，作为一个合作主义者，1956年，他帮助5名年轻人成立了合作社，希望能够通过五人之间的互帮互助，帮助雇员摆脱雇主的压迫地位。

劳动型合作社诞生之初便面临着双向难题。一方面，劳动型合作社主要应用于需要大量劳动力的制造业相关领域，合作社运转需要大量的资金；另一方面，合作社强调人的联合，导致资金来源匮乏，劳动型合作社常常因员工无力筹集合作社运转所需的大量资金而倒闭，若通过引入外部投资者的资金解决资金匮乏的问题，则常滑向被资本控制的恶劣局面。蒙德拉贡

---

[1] 康德琯、林庆苗、史生丽：《股份合作制理论与立法的基本问题》，中国检察出版社2002年版，第109页。

合作社之所以能够脱颖而出,其成功的秘诀正在于独特的融资方式。蒙德拉贡合作社别出心裁地设立了社员个人账户和合作社账户。合作社的社员申请入社之时,需要缴纳一定量的初始股金。社员的收益来自股息和劳动分红两部分,蒙德拉贡合作社本着资本报酬有限原则对股息率进行了限制,仅高于商业银行同期存款基准利率。社员的劳动分红并非直接发放,而是实行强制储蓄,计入个人资本账户。蒙德拉贡合作社红利资本化的做法,使得合作社本金连年增大,社员可得股息也连年增多。此外,蒙德拉贡合作社对社员股份的退出与转让也做了一系列规定:不允许随便退股,个人所持股份的75%可以在合作社内随意转让,而个人账户中的储蓄在社员退休时方予以兑现。

1987年,蒙德拉贡合作社社员代表大会通过了《蒙德拉贡合作社经验的基本原则》,其中将蒙德拉贡合作社的原则概括为十项,分别是:"开放社员资格、民主组织、劳动者主权、资本的工具性或从属性、参与管理、工资团结、合作社之间合作、社会改造、世界性、教育。"[1]蒙德拉贡合作社的基本原则大致上延续了罗虚代尔原则,但又因其以劳动的联合为基础而显现出不同的样貌,其中"资本的工具性或从属性一条"恰恰强调了劳动型合作社独特的立身之本,而"工资团结"则体现了对社员劳动报酬分配与再分配相统一的尝试。

(三) 新一代合作社

自诞生至今,合作社一直在随着内外部环境的变化而不断调整自身的生存领域和组织形式。传统合作社活跃的农业领域发生了深刻的转变,现代工业和技术深入到农业和食品产业,农业合作社逐渐开始探索工业生产方式和产业组织形式。"传统

---

[1] 唐宗焜:《合作社真谛》,知识产权出版社2012年版,第88页。

合作社本身存在的内在缺陷，如缺乏资金、短期化效应、运行低效、成本高昂等，使得合作社必须进行组织创新和结构调整，新一代合作社应运而生。"[1]

新一代农业合作社的具体运转程序如下：社员与合作社签订合同，购买与合作社之间的交易额，并按照交易额按时、保质、定量提供单一的指定农产品原料，为防止合作社被某些人支配，交易额度有最高及最低的限制，社员必须按照约定履行义务，否则就要承担被扣除分红的代价，而合作社对如实履约的社员没有拒绝的权利。合作社按照交易额度分配对社员的分红比例，而社员对交易额度的购买通常占合作社总体发起资本的一半左右，其余发起资本由合作社向社会资本募齐。

新一代合作社在运行中体现出几个突出的特色：一是有限开放的社员资格。当既有社员所提供的产品数量达到合作社需要的数量，合作社便不再接收新的成员。二是社员出资相对异质化。传统合作社强调社员出资的均等化，但是新一代合作社出于对资本的大量需求，要求社员在前期对合作社大量投资，并且将社员可出售给合作社的产品额度与出资额度挂钩。三是股权的可转让性不同，承载着可出售产品份额的股权可以在合作社社员之间直接自由流转。这些特色，反映出新一代合作社中融入了股份制的一些特性。

（四）农业合作社

农业合作社是一种通常由农业生产者组建、拥有和控制的经济实体，为满足生产者或惠顾者的成员或股东的共同利益，在扣除用于运营、存续和其他经认可的用于发展的费用并进行必要积累后，在成本基础上进行运作。日本农业协同组合（简

---

[1] 王玉梅：《从农民到股民——农村社区股份合作社基本法律问题研究》，中国政法大学出版社2015年版，第67页。

称"日本农协")是日本最典型、最成功的农民合作社,也是世界上综合性农民合作社的代表。日本农协诞生于第二次世界大战之后,是在日本政府的帮助下组建而成的。"目前农协组织已经遍及全国,99%的农户都参加了农协,参与率高于其他任何国家。"[1]

第二次世界大战后,日本国内百废待兴,为尽快恢复国民经济,提高人们生活水平,1947年日本颁布《农业协同组织法》。此后,日本政府以宣传、奖励等方式鼓励农民加入农协,并帮助农民建立起基层农协组织。可以说,日本农协是世界范围内政府干预色彩最为浓厚的农业合作社。农协成立后,为帮助农协有效经营、管理农业,日本政府再次进行干预,通过调整农协的组织架构,最终基本实现了农协结构与日本行政系统的衔接,即"即市、町、村设单位农协,都、道、府设农协联合会,国家级设农协国家联合会,而且每一级都与行政单位相对应,在总体上看,几乎将全部的农民组织到了农协之中,实现了农民的高度组织化"。[2]在此背景下,日本农协不得不具有些许行政色彩,日常操作中,日本农协不仅承担服务农民进行农业生产、经营的任务,也具有辅助政府进行行政管理的功能。

日本农协分为综合性农协和专业性农协。其中,全国性的农协为综合性农协,基础农协包括综合性农协也包括专业性农协。综合性农协不仅为农民提供农业生产、加工、销售、农业技术指导等服务,还提供信贷、保险以及生活、医疗等方面的服务。专业性农协则专注于某一专业的生产,仅提供农业方面

---

[1] 赵冉、苏群:"美国、日本农业合作社发展特点及启示",载《世界农业》2016年第5期,第27页。

[2] 曹文娟:"我国农民合作社法律制度研究",中央民族大学2011年博士学位论文,第101页。

的服务。[1]

四、中华人民共和国成立后的合作社发展

(一) 改革开放前的探索

20世纪50年代初期，全国范围内的土地改革使中国的封建土地制度彻底退出历史舞台，中国大陆范围内实现了"耕者有其田"的目标，农民成为土地产权的实际所有者。中华人民共和国成立初期，考虑到农民生产资料匮乏，个体生产效率不高，农民家庭劳动产出在自给自足外剩余较少，难以满足社会主义工业化建设的需要，国家开始积极探索农民合作社的发展道路。中华人民共和国成立后到改革开放之前，我国的合作社建设，尤其是农业合作社建设，走过很长一段曲折探索的道路，主要分为如下几个阶段：

1. 互助社

小农经济合作制度改革的最初形式是互助社。这种形式下，农民仍然是土地产权的实际所有人，农民保有自己的土地和生产资料。一个互助组由十几户农民组成，成员之间通过等价互换生产资料、土地、劳动等形式实现生产协助，提高生产效率。

2. 初级合作社

互助社的进化形式为初级合作社。在这个阶段，农民加入初级合作社后，土地制度不变，土地仍然由农民自己所有，但可以将农具、牲畜等其他生产资料折价入股，农民在合作社共同生产，按股分红、按劳分配，在有限地加入"股份"元素后，有效地提高了生产效率。

---

[1] 参见曹文娟："我国农民合作社法律制度研究"，中央民族大学2011年博士学位论文，第101页。

3. 高级合作社

初级合作社发展到一定时期，进入高级合作社发展阶段。农民个人所有的生产资料以集体所有的形式重新组织。高级合作社中，废除依靠社员入社的生产资料数量来按股分红的方式，无论男女都要参加集体劳动，以挣工分的形式分配报酬。到高级合作社时期，农民的土地不再属于私人而归于合作社集体所有。这个阶段，实现了土地产权的转移与股份的废除，单纯以劳动为分配的主要因素。

4. 人民公社

人民公社化运动始于农业合作化完成之后。人民公社化运动确立了"三级所有、队为基础"的所有权结构，将合作化时期形成的集体所有的生产资料确权给了人民公社、生产大队和生产队。其中，人民公社以乡为单位，生产大队以村为单位，生产队以村内村民小组为单位。[1]人民公社是"政社合一"的组织，不仅是基层政权组织，也是集体经济组织。到20世纪50年代末期全国基本实现了"一乡一社"的配置。人民公社中，依然贯彻工分的分配形式，以社为单位，互帮互助，共同抵御风险。

（二）改革开放后的实践

改革开放后，人民公社解体，在坚持集体所有制的基础上，

---

[1]《农村人民公社工作条例修正草案》第21条明确了"三级所有、队为基础"的所有权结构。第21条规定："生产队范围内的土地，都归生产队所有。生产队所有的土地，包括社员的自留地、自留山、宅基地等等，一律不准出租和买卖。……生产队集体所有的大牲畜、农具，公社和大队都不能抽调。原来公社、大队所有的农具、小型农业机械、大牲畜，凡是适合于生产队所有和使用的，应该归生产队所有；不适合于一个生产队所有和使用的，可以仍旧归公社或者大队所有；有些也可以归几个生产队共有，联合经营。集体所有的山林、水面和草原，凡是归生产队所有比较有利的，都归生产队所有。……"

农村开始实行家庭联产承包责任制。家庭联产承包责任制极大地释放了农民的活力，但旧有的农村生产模式难以适应农业农村现代化的要求。国家和人民在统分结合思想的指导下，再次探索新型的合作社模式。

1. 信用合作社

信用合作社的创立原因，是为满足农民在资金方面融通调剂的需求。社员通过信用合作社借贷资金，以满足其生产生活的需要。国家对信用合作社的定位是农村金融体系的重要组成部分，其主要经营模式是吸纳社员闲散资金，支持农业、农村的发展。

2. 供销合作社

供销合作社是指汇集农民资金作为入股资金，为满足农民生产生活的需要，以农户为社员提供农业商品流通的合作社。目前我国最大的供销合作社是中华全国供销合作总社，该合作社已经成为国际合作社联盟的成员之一，是我国目前规模最大的合作经济组织。

3. 土地合作社

土地合作社是我国农业经济发展中产生的一种土地流转模式，主要由拥有土地承包经营管理权的农民和拥有土地集体所有权的农村集体经济组织以土地的经营管理权入股，通过统一耕种、统一规划、统一经营的方式对农村土地进行再分配，以形成规模化、标准化生产，促进农民增收。农民以土地经营管理权入股后，不仅能够取得入股费用，还能根据土地营收实现利润分红，这种模式改善了以家庭为单位的农民抵御市场风险能力差的缺陷。

4. 农民专业合作社

农民专业合作社是指在农村家庭承包经营的基础上，农产品的生产经营者或者农业生产经营服务的提供者、利用者，自愿联合、民主管理的互助性经济组织。它以集体经济组织成员为服务对象，以户为社员，向社员提供农产品生产、销售、运输等环节的技术与信息，通过整合合作社社员资源，提高合作社整体声誉，增强合作社的集体竞争实力。

5. 农村股份经济合作社

农村股份经济合作社是在坚持农民集体所有的前提下，将农村集体资产的可分配权益折股量化到人，社员根据持有的股权比例分享红利的一种合作社法人。农村股份经济合作社的产生以农村集体产权制度改革为背景，国家希望能够以其为组织载体，解决农村集体产权虚置的问题，并在此基础上调动农民积极性，进而实现集体经济组织的壮大和农民权益的增加。

五、合作社与其他经济实体的区别与联系

（一）合作社与公司

合作社与公司虽均采取有限责任制度，但两者仍有显著差异，主要区别如下：

1. 产生原因不同

公司制度产生于对资本的需求，而合作社制度则产生于对资本控制的反抗。有限责任制度的公司最早产生于16、17世纪的欧洲，为满足国家对外拓展市场进行航海贸易的资金需求，航海队伍必须向社会募集资金。但航海探险具有巨大风险，无限责任制度难以满足投资者既要求资金投入回报又不想对投资失败承担无限连带责任的需求。因此，世界上第一家有限责任制度的公司——英国东印度公司应运而生。公司制度的诞生服务于资本家的投资需要，满足了资本家累积资本的愿望，促进了资本主义的发展。

合作社的诞生与公司的产生不同，合作社最初是在工业革

命不断推进的背景下，无产阶级工人为了反抗资本家的压迫而进行的弱者的联合。在社会地位与财富积累上均处于弱势地位的工人们试图通过合作组织统一力量，与资本家进行抗争。

2. 民主管理形式不同

公司制度"重资轻人"，因此在重大事项的决策上，公司注重资本的力量，按照股东所拥有的股权进行"一股一票"的表决。合作社制度"以人为本"，不同社员投入的资本数额差异不大，并且在传统合作社中，无论每个社员最初投入的资本是多是少，均按照"一人一票"的方式进行表决。

3. 利润分配机制不同

公司制度"重资轻人"带来的另一个结果是，公司按照每位股东的出资比例进行利润分配；而合作社的分配方式有多种形式，由合作社自行决定，但大多奉行资本报酬有限原则。

4. 社会责任不同

公司制度的主要目的是经济利益至上，兼顾社会责任；而合作社制度的主要目的除强调经济因素外，文化教育、促进就业等社会责任对其也同样重要。

(二) 合作社与合伙企业

合伙企业按照合伙人是否承担有限责任，分为普通合伙企业和有限合伙企业，二者区别在于合伙企业的合伙人是否对企业全部负债承担无限连带责任。由于无限连带责任制度是合伙企业设立的最为重要的基石，普通合伙制度是合伙制度最典型的形态，故下文仅比较合作社与普通合伙企业的区别：

1. 责任承担形式不同

合伙企业以无限连带责任为典型特征，合伙人对企业债务负有责任。而合作社实行有限责任制度，合作社以社员的全部出资对外承担责任，社员不对合作社的超额负债承担无限连带责任。

2. 利润分配机制不同

合伙企业利润分配机制任意性较强，完全遵从合伙人之间的约定，法律并不介入调整。而合作社的分配机制需要遵循定额惠返、资本报酬有限等合作社基本原则。

3. 表决机制不同

合伙企业的表决机制完全由合伙人任意约定，无约定情况下，采取"一人一票"的表决方式。法律大多要求合作社的社员大会必须采用"一人一票"的社员多数决民主方式。

第二节 农村股份经济合作社的特征

农村股份经济合作社是在坚持农民集体所有的前提下，将农村集体资产可分配权益折股量化到人，社员民主管理，并且根据所持股权比例分享红利的一种合作社法人。

农村股份经济合作社肇始于广东省佛山市南海区（原南海市）实行的"股田制"，[1]蓬勃发展于经济发达、资源丰富的珠三角、长三角和京郊地区。作为农村集体经济组织形式之一的农村股份经济合作社，经过近30年的野蛮生长后，终于在

---

[1] 佛山市南海区（原南海市）是广东省最早推行农村股份合作制度的地区，也是全国农村土地制度改革的试验区。南海区土地股份制改革试验开始于1992年，是在工业化城市化建设大量征地导致地价飞涨，农民"惜地"倾向日益强烈，征地补偿矛盾日益突出的特殊背景下兴起的。1993年8月，当时的南海市政府率先制定《关于推行农村股份合作制的意见》，在全市进行农村土地股份合作制改革，以股份合作经济组织代替模糊的农村集体经济组织。南海市的此项改革后来被珠三角、全国其他地区所效仿，被称为"南海模式"。"南海模式"的基本特征是：①实行股份合作制，把已经分包到户的土地和集体组织的其他财产统一集中到行政村的农业发展股份有限公司；②按年满16周岁以上的农业人口分配一个土地股份，16周岁以下的分配半股的标准折股到人，每个股份每年获得相同数额的现金分红；③全部土地集中后，行政村把土地划分为基本农田保护区、工业开发区和商贸住宅区，统一规划，统一开发，农业基本保护区按照特定的经营项目给专业队进行定额承包。

2016年得到规范。2016年，中共中央、国务院颁布《关于稳步推进农村集体产权制度改革的意见》，正式将其命名为农村股份经济合作社。[1]

实践中，初始建立农村股份经济合作社的目的在于合理分配农村集体所获得、积累的巨额财富。农村股份经济合作社制度推行之初，农村和农民最为关注的是利润分享机制，对农村股份经济合作社究竟是什么、法律上应当如何认定、名称上如何称呼并不关心。2016年之前，这种由农村集体经济组织股份化改革后产生的组织体在制度形式认定和名称使用方面都非常混乱。在制度形式认定方面，有的地区将其登记为农村集体经济组织，有的地区将其登记为农民专业合作社，有的地区将其登记为有限责任公司或者股份有限公司。名称使用方面，有农村社区股份合作社、农民专业合作社、股份合作社、土地合作社等诸多称呼，而以上名称的合作社有时是用来命名股份化改革之后的农村集体经济组织，有时是用来命名以农村专业合作社为代表的城镇农村的合作经济组织或者公司企业，使用状况十分复杂。

制度形式认定和名称使用上的混乱，也对学术研究造成了一定影响。论述中，若无相关界定，无法从制度形式或者名称上来判断讨论对象是实践中的哪一种组织体。在探讨农村股份经济合作社的本质特征之前，本书尝试从设立程序方面的三个核心步骤和外在形式的四个表征勾勒出农村股份经济合作社的大致轮廓：在设立程序上，农村股份经济合作社的设立一般均

---

[1] 参见"中共中央国务院关于稳步推进农村集体产权制度改革的意见"，载《人民日报》2016年12月30日。该《意见》指出："农村集体经济组织是集体资产管理的主体，是特殊的经济组织，可以称为经济合作社，也可以称为股份经济合作社。"其中，经过股份合作制改造的称为股份经济合作社，不具备股份合作制特征的称为经济合作社。

包含三个核心步骤——清产核资,明确集体资产;确定成员身份,明确集体成员;确定成员享有的股权份额比例,折股量化农村集体资产可分配权益折到人。在外在形式上,农村股份经济合作社一般具有如下四个表征:①农村股份经济合作社是农村集体经济产权改革的产物,与农村集体具有密切联系;②社员资格认定具有身份性,与地域、血缘、户籍等因素密切相关;③农村股份经济合作社的资产涉及农村集体资产的确认和转化;④农民基于身份抑或其他特质而获得相同或不同比例的股权,基于所持股权比例分享红利。满足以上设立步骤和外在呈现形式的组织体是本书所讨论的农村股份经济合作社。

农村股份经济合作社是我国本土培育出来的一种新的民商事组织形式。相较于其他民商事组织,农村股份经济合作社在经济形式、组织形式、权利量化、企业目标、股权结构等方面都具有自己的特性。这些特性是进行农村股份经济合作社治理结构法律制度建设的必要考量因素。

一、经济形式——集体经济

从经济形式来看,农村股份经济合作社是新型农村集体经济组织,是实现集体经济的有效形式。集体所有制的产权形式是农村股份经济合作社的首要特性。农村股份经济合作社的集体经济特性主要体现在三个方面,分别是:①农村集体经济发展上的连续性;②资产的集体性;③成员的集体性。实践中农村股份经济合作社的集体经济特性是区别农村股份经济合作社与其他法人的形式标准,也是确定社员身份的首要标准。

(一)农村集体经济发展上的连续性

农村集体经济形成于中华人民共和国的合作化运动时期。改革开放前,中华人民共和国的农村改造经历了私有制、初级合作社、高级合作社和人民公社四个阶段。

初级合作社将农民的土地、耕畜、大型农具等生产资料折价入股，统一经营。生产资料归初级合作社统一调配，但所有权仍归属于农民，其存在基础是土地私有制，收入分配考量劳动与生产资料两重因素。高级农业合作社时期所有制形式发生了质的变化。高级农业合作社实行土地集体所有制度，耕畜和大农具也作价归公，收入按劳分配——高级合作社成为土地和生产资料的所有者。在高级农业合作社阶段，农村集体经济形成了。

人民公社化运动开始于农业合作化完成之后。人民公社化运动确立了"三级所有、队为基础"的所有权结构，将合作化时期形成的集体所有的生产资料确权给人民公社、生产大队和生产队，其中人民公社以乡为单位，生产大队以村为单位，生产队以村内村民小组为单位。人民公社是"政社合一"的组织，不仅是基层政权组织，也是农村集体经济组织。

今日的农村集体经济组织形成于1984年人民公社解体之后。人民公社的行政职能与经济职能分离开来，行政职能由乡镇政府和村委会承载，经济职能由乡、村和村内小组承载，承载经济职能的乡村组织就是农村集体经济组织。人民公社的集体财产转给了乡、村和村民小组。农村集体经济组织继承了人民公社、生产大队、生产队的资产。农村集体经济组织大多以村为单位构建，但由于"三级所有、队为基础"的所有权结构，也有的农村集体经济组织以乡或者村内小组为单位构建。

农村集体产权制度改革在全国铺开后，农村股份经济合作社如雨后春笋般在中华大地上涌现出来。农村股份经济合作社依然是以生产资料集体所有为前提，它的构建以集体资产为物质基础，以集体身份为社员标志，是一个能够体现集体成员共同经济利益的组织。

在新中国农村集体经济发展的历史上，农村股份经济合作社与高级合作社、人民公社、农村集体经济组织在组织体上一脉相承，形成于高级合作社时期的集体财产更迭继承，在不同的历史时期，共同承担了壮大农村集体经济、提高农民福祉的历史使命。

（二）资产的集体性

农村股份经济合作社资产的集体性，主要表现为资产来源和资产转化过程中的集体性。这里的集体性进一步体现为全部性和完整性，即原农村集体经济组织全部可折股资产完整地转入农村股份经济合作社，作为其构建的资产基础。农村集体经济产权改革过程中各地的做法差异较大，但不管采用何种具体方案，清产核资、成员确认和折股量化都是改革的必要步骤。清产核资的目的在于厘清农村集体财产的范围，以便将其全部的可量化资产整体转入农村股份经济合作社，作为农村股份经济合作社的原始构建资产。

在目前的改革过程中，量化的资产大多是经营性资产，对于承包到户的资源性资产的折股量化采取保守态度，且政府认为，在现阶段，非经营性资产不宜折股量化。由此出发，资产转化的全部性和整体性是否成立？经营性资产转化的全部性和整体性毋庸置疑。实行资源性资产量化的农村，资产转化的全部性和整体性也非常突出。可量化的资源性资产主要包括未承包到户的土地，城中村、城郊村征地后分配给村里的保留地，以及"确权确股不确地"[1]模式下集中起来的农民承包地。无论是保留地还是承包地，如果农村集体认为可以进行折股量化，

---

[1] 所谓"确权确股不确地"，是在珠海、深圳等珠三角地区实施的农民承包地确权登记模式，这一模式下，农民不再拥有数量确切、四至清楚的土地，而是获得由集体资产、资源等量化计算出的股份，通过拥有的股份获得相应收益。

采用的做法必然是农村集体内全部保留地或者承包地的整体折股量化,而不仅仅是其中部分的流转。这与"三权分置"模式下,由土地经营管理权出资成立专业合作社或者土地合作社具有显著区别。后者往往只涉及部分农民的部分承包地,不具备行动上的集体性。

在实践表述和学术研究中,有时会将农村集体经济经营实体也称为农村集体经济组织,如乡村集体所有制企业。乡村集体所有制企业财产属于农村集体所有。[1]从所有制上看不出乡村集体所有制企业与农村股份经济合作社法人的区别。但若以集体性分析,二者的区别不言自明:乡村集体所有制企业仅涉及农村集体的部分财产,而农村股份经济合作社涉及农村集体的整体财产。

(三)社员的集体性

农村股份经济组织社员的集体性,应当从两个层面来予以理解:一是农村股份经济合作社社员来源的集体性;二是农村股份经济合作社意志的社员集体性。

社员来源的集体性是指农村股份经济合作社社员应当覆盖本农村集体的所有成员。农村股份经济合作社作为农村集体经济组织新的主体表现形式,在全部、完整地继承原农村集体经济组织资产的同时,也应全部、完整地囊括原农村集体经济组织的成员。农民基于原农村集体经济组织的成员身份即可获得股份。只要具有原农村集体经济组织的成员身份,即可成为农村股份经济合作社的社员。社员来源的集体性,还包含有集体外之人不能获得农村股份经济合作社社员资格之含义。

农村股份经济合作社的意志应当由社员集体行使,既不是

---

[1]《乡村集体所有制企业条例》第18条规定,"企业财产属于举办该企业的乡或者村范围内的全体农民集体所有……"

由一部分成员行使，也不是由社员集体外的人或者组织行使。社员集体以"一人一票"的多数决民主的方式形成集体意志，也就是农村股份经济合作社的意志。

二、企业组织形式——合作制

从企业组织形式来看，农村股份经济合作社具有合作制特性。

"政社合一"的人民公社解散之后，下沉到行政村中的国家权力急速回撤，中国农村开始实行村民自治。村委会行使乡村的统筹功能。农民以家庭为单位展开"单干"。2006年农业税取消后，"三提五统"随之取消，村委会集中力量办大事的能力进一步削弱，农民以家庭为单位离子化地散落在村庄里。一方面，凝聚村民的宗族纽带已经在人民公社时期遭到瓦解；另一方面，新政权形成的行政纽带又撤回乡镇，村委会的凝聚力名存实亡。农村已经丧失了集中力量办大事的能力。在城镇化与农村现代化的过程中，面对诡谲多变的市场、汹涌而来的资本、地方不法势力的压迫，离子化的农民个体绝无抗衡之力。农民需要寻求一种新的纽带把自己团结起来，互助合作，共同抵御风险和实现自我需求的满足。

"农村股份经济合作社"中的合作社，与服务合作社抑或劳动合作社等私有经济中的经典合作社样貌不同，但其仍然具有非常典型的合作制特征。

（一）弱者的联合

农村股份经济合作社具有"合作社是弱者的联合"这一特征。城镇化和市场化的过程中，无论在村务农村民还是离乡务工农民，相对都是弱者。单个农民无法抵抗城镇化和市场化过程中产生的非法土地征收、资本入侵、村官巨腐等各种风险。

他们只有联合起来，才能够抵抗外部的各种风险。

农村股份经济合作社体现出了极强的互助性。这种互助性不仅体现在服务互助或者生产互助这些低层级层面，还体现在社会保障互助、公益事业互助等高层级层面。在中国，农村的社会保障问题比城市迫切得多。[1]但国家负担农民社会保障的能力有限。2016年，新农合和城乡居民养老保险合二为一，新的保险仍然不能帮助农民抵御年老体弱带来的经济风险。除依靠国家进一步加大支持力度之外，农民尚需要自力更生。此外，"三提五统"[2]在2006年随着农业税而取消。但之前"三提五统"所用于支付的项目仍需建设。民办公助事业和民办公益事业在开展经费上捉襟见肘。多数地区的农村股份经济合作社的集体股分红承担着该辖区内安保巡逻、环卫保洁、道路养护、绿化管理等公共职能，有些还为成员提供退休金和医疗保障。

（二）民主控制

中共中央、国务院《关于稳步推进农村集体产权制度改革的意见》要求"落实农民对集体经济活动的民主管理权利"。[3]此处的民主管理应当理解为民主控制，是指农村股份经济合作社的社员能够通过民主决议的方式形成农村股份经济合作社的

---

[1] 第一，农村实际老龄化程度更严重，老龄化速度更快。第二，农村与城市一样经历着家庭核心化的过程，而且其核心化速度更快。第三，农村人口的经济收入水平远低于城镇人口，抗风险能力较弱。

[2] "三提五统"中的村提留是村级集体经济组织按规定从农民生产收入中提取的用于村一级维持或扩大再生产、兴办公益事业和日常管理开支费用的总称。包括三项，即公积金、公益金和管理费。乡统筹费，是指乡（镇）合作经济组织依法向所属单位（包括乡镇、村办企业、联户企业）和农户收取的，用于乡村两级办学（即农村教育事业费附加）、计划生育、优抚、民兵训练、修建乡村道路等民办公助事业的款项。

[3] "中共中央国务院关于稳步推进农村集体产权制度改革的意见"，载《人民日报》2016年12月30日。

意志，农村股份经济合作社由社员集体意志控制。

民主控制包含两个层面的含义：一是农村股份经济合作社是由社员集体意志控制而非一部分社员控制。民主控制的要求与农村集体产权制度改革的目标之一——解决农村集体产权虚置的问题是相契合的。农村集体产权虚置的主要原因就在于没有落实民主控制原则。二是社员集体意志是采用"一人一票"的民主决议方式，而非"一股一票"的资本决议方式。"一人一票"意味着民主控制，"一股一票"意味着资本控制，在我国农村集体产权制度改革和股份经济合作社建设的过程中应当严格防范从民主控制滑向资本控制。

（三）社员经济参与与资本报酬有限

"社员经济参与与资本报酬有限"原则在农村股份经济合作社建立和发展过程中，基本得到了贯彻。

一方面，农村股份经济合作社在建立和发展过程中，大多明确拒绝外来资本股。这一做法是非常有必要的。如前所述，在劳动型合作社的发展过程中，由于劳动型合作社需要大量的资金支持而不得不引进外部投资者。随着外部资本比例的不断增长，外部资本在合作社中的影响力也逐渐增强，最终可能导致合作社的控制权落于外部投资人之手。这一方面的典型代表是罗虚代尔制造业合作社，其最终不得不从合作社转变为股份公司。

另一方面，农村股份经济合作社在建立和发展过程中，严格限制内部现金股的比例。资金是农村股份经济合作社发展所必不可少的要素，对于经营性资产较少而资源性资产丰富的农村，资金更是起着推动剂般的作用。实践中，大多数农村股份经济合作社就资本股的设置比例进行了严格限制，甚至还努力追求内部资本股的平均性，以避免资本对集体资源的支配。

实践中的确有一些农村股份经济合作社由于存在实践困难而没有贯彻"社员经济参与与资本报酬有限"原则，向着股份制公司的模式在发展。但必须认识到两个问题：①这样的农村股份经济合作社只是少数；②这是农村集体经济组织改制过程中产生的阶段性错误，决不能以偏概全，否定全部合作制的特性。笔者建议农村股份经济合作社在建设过程中要将"社员经济参与与资本报酬有限"原则落实为四个方面：①拒绝外部资本参股；②严格控制内部资本股占总股本的比例；③努力促进内部资本股的均等化；④严格限制内部资本股的报酬获取。

（四）自治和自立

农村集体产权制度改革的主要目的之一，在于通过农村股份经济合作社这一组织形式来解决"政经不分""内部人控制"所造成的集体产权虚置问题。与此配套，《民法总则》赋予了包含农村股份经济合作社在内的农村集体经济组织以独立法人地位。自治和自立是农村股份经济合作社作为独立法人的应有之义，也是其实现农村集体产权制度改革目标的必有之意。

农村股份经济合作社要实现"自治和自立"，就要求其应当具有独立的资产和独立的组织机构，不能与其他任何组织存在财产混同、组织机构混同抑或业务混同的情形。

（五）"自愿开放的社员资格"原则的讨论

农村股份经济合作社是否符合经典合作社"自愿开放的社员资格"原则一直存在争议。

农村股份经济合作社具有社区性，农村集体外部人员不能因出资等行为获得农村股份经济合作社社员资格。若将"自愿开放"解读为"愿者皆可来"，则农村股份经济合作社并不具有完全的开放性。需要指出的是，罗虚代尔原则和国际合作社联盟的合作社原则中强调的开放原则，重点还包含不歧视的意思在内。即不得因年龄、性别、宗教、民族等因素拒绝某一类或某一个成员的加入。由此观之，农村股份经济合作社是符合该原则的。

同时，笔者认为自愿开放的社员资格并非合作社的本质特征。在美国新一代合作社中，当既有成员所能出售给合作社的农产品数额达到合作社所需数额，合作社将不再吸收新申请加入的成员。美国新一代合作社也并不具有完全的社员开放资格，但是国际普遍承认这一组织体的合作社法人地位。我们在评判农村股份经济合作社是否符合合作社法人内涵之时，也不宜以此性质作为评定。

三、社员联结形式——社区性

从社员联结形式来看，农村股份经济合作社具有社区性。社区的概念最早由德国的社会学家滕尼斯在其1887年的著作《共同体与社会——纯粹社会学的基本概念》中提出，费孝通先生在20世纪30年代将该词引入中国，定义为"社区是若干社会群体（家庭、氏族）或社会组织聚集在某一地域里所形成的一个生活上相互关联的大集体"。[1]农村股份经济合作社在发展早期经常被称为社区股份合作社，借以突出它的社区特性。农村股份经济合作社的社区特性可以进一步解析为地缘性、行政区划性与封闭性。

（一）地缘性与行政区划性

中华人民共和国成立之前，村落以地缘、血缘、家族、宗族为纽带，以自然村的形式存在着。中华人民共和国成立之后，土地改革中，国家权力突破"王权止于县域"，以集体化的形

---

〔1〕 费孝通："二十年来之中国社区研究"，载《社会研究》1948年第77期。

式,将自然村变成了行政村。在由自然村到行政村的过渡中,中国农村以地缘、血缘、家族、宗族为纽带的社区性转变为以地缘、血缘和行政建制为纽带。行政村以地缘为基础,以行政建制的方式使得农村社区的外延进一步明晰和固化。

农村股份经济合作社的社区特性,首先是一个地缘概念,以村民居住的村落为界限,一个村落地理边界所及之处即为一个社区;其次,也是一个行政区划的概念,农村股份经济合作社的建立通常以行政村为基本单位。农村股份经济合作社社员身份的界定也是以地缘概念和行政建制为主要依据的。

农村股份经济合作社诞生并发展于城市化进程之中,而恰恰是在城市化的进程之中,农村的地理边界逐渐消失,农民和土地的关系日渐脱离,农村社区的地缘性渐渐模糊。有人开始质疑,"无立锥之地"的城中村是否还具有社区性?这个问题忽视了中国农村社区性的第二个特征,即农村社区还是一种行政建制。这种行政建制以户籍制度为纽带将其成员与社区紧密地联系在一起。无论地理边界是否消失、成员身在何处,只要人员的户籍属于该农村集体,他就被认为属于这个相互关联的集体。当社区显性的地缘特征退却时,以行政建制为纽带的隐性特征发挥着重要作用。

农村股份经济合作社的社区性体现出从地缘性向行政区划性的转移。这一变化在农村股份经济合作社社员资格确认中体现极为明显。地缘性在实践中的表述为"居住在村",行政区划性在实践中的表述为"户口在村"。户口在村且居住在村时,当然可以认定其为社区成员。当地缘性和行政区划性偏离时,即居住在村而户籍不在村,或者户籍在村居住不在村应当如何认定呢?相较于地缘性标志"居住在村",行政区划性标志"户口在村"能够更好地对接农村股份经济合作社的集体特性。中国户籍确认采用血缘标准，而农村集体成员的供给亦是以血缘为标准，二者不谋而合。可以说，集体特性是界定农村股份经济合作社社员身份的内在隐性标准，行政区划性是界定农村股份经济合作社社员身份的外在显性要素。

(二) 封闭性

农村股份经济合作社的封闭性，表现为对外来人员和外来资本的排斥。

农村股份经济合作社的前身是农村集体经济组织，是以土地这一生产资料的聚合为纽带而聚集在一个行政建制内的大集体。社区中的成员共享行政村地域内的自然资源及其红利。自然资源不可再生，无论在农耕时代还是城镇化进程中，有限的自然资源都是社区成员赖以生存的基础。外来人员的加入会摊薄社区成员基于自然资源可以获得的利益。所以，一般情况下，农村股份经济合作社的封闭性十分明显，不会随意接纳外来成员。

在股份化过程中，农村股份经济合作社排斥外来资本。社区中以土地为代表的自然资源，无法准确估值定价。如果给自然资源定价偏低，外来资本会在农村股份经济合作社的总资本中占有过多的权重，股份制经济实行按股分配的利润分配模式，外来资本股会分走大量红利，如此一来，也会稀释社区成员基于自然资源可以获得的利益。

有的农村股份经济合作社在构建过程中配置了现金股这一股权类型。现金股一般出现在经营性资产少，却有好开发项目的农村集体经济组织的产权改革中。该类农村集体经济组织在股份合作化改革中会在资源性资产折股量化的基础上配置一定比例的现金股。其构建资产包括原农村集体经济组织折股量化的资源性资产和现金资产。现金股的出资来源分为两类：一类是农村股份经济合作社社员出资,一类是外来资本出资。在农村集体经济组织融资困难的当下,通过现金股的方式募集资金具有必要性和不可替代性,这是农村股份经济合作社得以运转的重要助力。但内部成员出资和外来资本出资在性质上迥然有异。外来资本出资是对农村股份经济合作社封闭性的突破。内部成员基于出资而获得分红,社区内的资源所产生的利益不会外溢,依然被封闭在社区内部,仅仅是分配比例发生稍许变化。而外来资本出资则具有入侵性。如前所述,在资源性资产无法估价的情况下,外来资本出资参股会侵占农民的资源权益。资源性资产估价过低,会导致资本控制资源抑或资本控制劳动的不良后果。而资源性资产一旦大幅度升值,又会被参股资本分去巨额红利。综上,农村股份经济合作社可以设置现金股,但绝不能设置外来资本出资的现金股。

四、经济利益分配形式——股份制

从经济利益分配形式上看,农村股份经济合作社具有股份制特性。农村股份经济合作社既非按劳分配,也非按交易额分配,而是按照股权比例分配。农村股份经济合作社的股份制特征可以从以下三个层面来进行理解:

(一)折股量化的参考对象

农村股份经济合作社设立过程中的折股量化,是指把农村集体经济组织成员的身份要素、劳动贡献要素、出资要素等用股份的形式予以量化。农村股份经济合作社折股量化的参考对象是每个农村集体经济组织成员的各种相关要素。

试举一例,一个农村集体经济组织中有 100 个成员,如果仅仅考虑身份要素只设立人口股,则每个成员可以获得 1% 的股权比例。如果既考虑身份要素又考虑年龄要素,设置 80% 的人头股，20%的年龄股，则张三可以获得［0.8+（张三年龄/成员年龄总和）×0.2］的股权比例。

（二）社员所持股份是"无面额股"

农村股份经济合作社社员所持股份，标示的只是股份数额或者占总股本的比例。这种股份形式并没有票面价值，而只有账面价值，与20世纪早期出现在美国的无面额股票设计原理相同。

农村股份经济合作社社员可依所持有的股份数额或者股权比例主张利润分配。

（三）按股享有的是农村股份经济合作社的可分配权益

农村集体经济产权改革过程中，社员按照股份享有的是农村股份经济合作社的可分配权益，而非农村股份经济合作社的资产。在新闻中常有将农村资产折股量化的说法，这一说法是错误的。针对这一说法，有学者明确指出："我看到有的省一级规范性文件中，将'通过农村集体产权制度改革，把收益分配权落实到每个人头'，错误理解为'将集体资产权分配到每个人头'，将农村集体经济产权制度改革理解为是把'财产共同共有'改为'按份共有'。这个理解是错的，因为无论共同共有，还是按份共有，都是共有经济，而不是集体经济。而共有经济的本质是私有经济，这就需要法律规范来进行严格规定、明确区分。"[1]

五、设立目标——营利性

从设立目标来看，农村股份经济合作社具有营利性。营利性指法人以给成员分红为根本追求。从推进农村集体产权制度

---

〔1〕 陈锡文接受《南方都市报》两会报道组的专访，载央视网：http://tv.cctv.com/2019/03/09/VIDEh3imfE9K6J53FZGCVKyi190309.shtml? spm=C53156045404.PKXC0xLPAnP9.0.0，最后访问时间：2020年7月15日。

股份合作制改革的目的来看，农村股份经济合作社先天具有营利性。

推进农村集体产权制度股份合作制改革的目的有两点：一是明确农村集体经济组织市场主体地位，完善农村基本经营制度，以便充分发挥市场在资源配置中的决定性作用；二是促进集体经济的发展壮大和农民的持续增收。实现、维护、发展广大农民的根本利益是设立农村股份经济合作社的出发点和落脚点。要充分实现改革的目的，农村股份经济合作社必须具有营利性。

农村股份经济合作社的营利性特点，要求我们在农村股份经济合作社的治理结构建设中，不仅要注重安全，还要注重效率，只有让农村股份经济组织合作社的治理结构富有市场效率的运转，才能在市场经济的竞争中实现盈利。

六、股权结构——紧密型分散

从股权结构来看，具有"紧密型分散"的特性。为准确描述农村股份经济合作社的股权结构特点，笔者尝试创造"紧密型分散"一词，其内涵如下：

分散是指农村股份经济合作社社员股东众多，社员所持股权平均而没有较大的异质性。社员大会多采用"一人一票"的民主表决方式，农村股份经济合作社中不存在明显的资本控股股东或者大股东。

紧密型是指农村股份经济合作社的众多股东之间具有紧密的联系。在公众型公司中，投资人来自世界各地，除了投资于同一个公司这个共同因素，股东间不存在任何其他联系。在大型的消费合作社、服务合作社乃至生产合作社中，社员也是呈现出较为明显的离子化特征，社员之间至多存在程度不一的业缘关系。但是在农村股份经济合作社中，社员除了均持有农村股份经济合作社股份这一共同要素，社员之间还存在较为紧密的血缘关系、姻缘关系和地缘关系。

农村股份经济合作社股权结构所呈现出来的"紧密型分散"的特性将成为我们进行农村股份经济合作社治理结构建设的重要考量要素。

第三节　农村股份经济合作社的法律地位

社会经济活动中出现的各种组织本无所谓人格，法律根据国家利益和社会公共利益的需要，赋予了一些组织以拟制的人格，使其能够独立地享有民事权利和承担民事义务。

法人的人格是拟制的，是法律所赋予的。社会经济组织获得法人人格的依据是法律的明文规定。在我国的基本法律之中，并未出现"农村股份经济合作社"一词，更未出现"农村股份经济合作社是法人"的相关表述。那是否可以得出"农村股份经济合作社不是法人"的论断呢？"农村股份经济合作社不是法人"这一观点并未洞悉农村股份经济合作社与农村集体经济组织的关系，继而未能发现农村股份经济合作社与农村集体经济组织法人之间的逻辑联系。割裂地看待问题导致得出了"农村股份经济合作社不是法人"这一错误论断。

一、农村股份经济合作社是农村集体经济组织

"股份经济合作社"一词，最早见于中共中央、国务院《关于稳步推进农村集体产权制度改革的意见》，该《意见》明确指出："农村集体经济组织是集体资产管理的主体，是特殊的经济

组织,可以称为经济合作社,也可以称为股份经济合作社。"[1]

农村股份经济合作社是农村集体经济组织多种组织形式中的一种。农村集体经济组织包括经过股份化改革而形成的农村股份经济合作社,也包括尚未进行股份化改革的原生态的农村集体经济组织。在农村集体经济产权改革的探索中,也可能萌发出其他特殊而具体的新型组织形式。因此,在《民法总则》的立法调研过程中,有学者提出农村集体经济组织是一个不断发展的概念,不宜对农村集体经济组织的具体形式作出过于细致的规定和描述。

综上所述,农村股份经济合作社与农村集体经济组织之间是包含与被包含的关系。农村股份经济合作社是农村集体经济组织,但农村集体经济组织并非都采用了农村股份经济合作社的组织形式。

二、农村股份经济合作社是法人

(一)《民法总则》的法人资格肯认

"农村集体经济组织"是一个十分熟悉但又非常模糊的名词。"农村集体经济组织"这一名词屡次出现在《宪法》《土地管理法》《农业法》《物权法》《民法总则》等法律之中。我国相当多的基本法律都提到了"农村集体经济组织"这一名词,并对这个组织作了许多规定。关于农村集体经济组织的主体地位,有学者认为:"从《宪法》和其他法律规定上看,作为我国特有的经济组织形式,农村集体经济组织是农村集体土地(包括森林、山岭、草原、荒地、滩涂等)、投资所办企业及其他财产的所有人、管理人、发包人、投资人,以及对农村集体的其

---

[1] 参见"中共中央国务院关于稳步推进农村集体产权制度改革的意见",载《人民日报》2016年12月30日。

他事务的管理人。亦即,农村集体经济组织的主体地位不仅明确,而且十分突出。"〔1〕但是从法人类型法定的视角来看,直到 2017 年《民法总则》颁布,农村集体经济组织(农村股份经济合作社)才具有了法人资格。

农村集体经济组织是我国经济社会发展过程中形成的本土组织,超出了传统民法主体的理论范畴。在《民法总则》颁布之前,很多学者倾向于否定农村集体经济组织的法人属性。有的学者认为,农村集体经济组织法人化将会导致农村集体与个体的疏离,故而不宜赋予农村集体经济组织法人地位。〔2〕有的学者认为,农村集体经济组织的法人构建缺乏组织支撑,法人化改造缺乏可行性。〔3〕有的学者甚至主张取消农村集体经济组织这一组织形态,认为"集体经济"已经不再是建立在集体所有制基础上的集体经济组织,而是建立在产权明晰基础上的现代经济组织,农村集体经济组织不符合现代农业产业组织的市场特征。〔4〕这些观点也鲜明地体现在《民法总则》中。在《民法总则》制定过程中,一开始也未给予农村集体经济组织以充分关注,直到《民法总则(草案)》(三次审议稿)颁布后,农村集体经济组织才以特别法人的面目出现在人们眼前。这一变化被认为是呼应了当下正在开展的农村集体产权制度改革的需要。在《民法总则》正式文本中,农村集体经济组织在第 96 条与其他三类组织一起被赋予了特别法人的主体地位。

---

〔1〕 陈甦主编:《民法总则评注》(上册),法律出版社 2017 年版,第 699 页。

〔2〕 参见童列春:《中国农村集体经济有效实现的法理研究》,中国政法大学出版社 2013 年版,第 18 页。

〔3〕 参见张金明:《农民土地财产权研究——基于农民土地权利的财产法构造》,中国大地出版社 2014 年版,第 158 页。

〔4〕 参见高富平:"重新理解'集体'之所有权的重构",载凤凰网:http://news.ifeng.com/a/20140702/40985627_ 0.Shtml. 最后访问时间:2020 年 7 月 15 日。

《民法总则》颁布后，讨论农村集体经济组织是否应该获得法人主体地位已经没有实际价值了，学者们转而关注农村股份经济合作社的法人类型，而《民法总则》特别法人的规定恰恰给学者们留出了充足的讨论乃至争论的空间。

(二) 法人资格要件

团体性、独立人格和独立财产常被认为是法人之所以为"人"的必备要件和本质特征。明确农村股份经济合作社的法人资格应该从这三个要件进行剖析。

1. 团体性

法人的团体性表现为两种形态：一种表现为人的集合；另一种表现为独立于出资人的财产的集合。大陆法系根据团体性的不同将法人分为两类，前者称之为社团法人，后者称之为财团法人。农村股份经济合作社的本质是合作社，是人的联合，具体来说是以社区为边界的农民的联合。农民以农村股份经济合作社为纽带，共同致力于集体经济的壮大和个体福祉的增加。

2. 独立人格

法人具有独立的民事权利能力和民事行为能力，能够独立享受民事权利并承担民事义务，具有独立的民事主体资格。农村股份经济合作社作为法人，需要能够通过意思机构作出独立的意思表示和决策。

明确农村股份经济合作社的独立人格，在当前实践中具有重大意义。从理论上来说，政社合一的人民公社解体后，行政职能被乡镇政府所承载，经济职能被农村集体经济组织所承载，二者各担其责，各行其是。但在实践中，乡镇政府无时无刻不在干预农村集体经济组织的活动，农村股份经济合作社的意志常被乡镇政府以及村级党政机关所控制。明确农村股份经济合作社人格的独立性，也是农村产权改革促进"政经分离"的应有之义。

3. 独立财产

法人应当具有独立的财产，任何法人都包含人和财产两个必不可少的要素。有的学者在界定合作社与公司的区别时，认为合作社是人的集合，公司是资本的集合。这一表述是有待商榷的。不论是合作社还是公司作为法人都离不开人和资本其中任何一个要素，二者对人和资本的差别更多地体现在权力机构表决方式和报酬回馈方式上。在此，农村股份经济合作社财产独立，是指农村股份经济合作社原始资产和累积资产权属清晰，财务制度健全。

在城市化过程中，由于城乡二元管理体制还没有完全破除，乡村集体经济组织成为农村公共产品的主要供给主体。乡村集体经济组织的大量经营收益被挪作环境卫生清理、市政基础设施建设、社会治安综合治理、绿化隔离带管护等本来应当属于政府负担的社会事业。在国家重大政治、经济、文化、外交活动来临的时候，上级政府都要求乡村集体提供大量人力、财力和物力。明确农村股份经济合作社财产的独立性，可以避免其他组织和个人对农村股份经济合作社财产的任意支配和肆意侵害。农村股份经济合作社财产的占有、使用、处分和收益权能且只能由合作社自身来决定。合作社财产独立，是其维护成员权益的根本保障，也是其以民事主体资格进入市场交易的责任承担基础。

三、农村股份经济合作社是特别法人

我国《民法总则》将法人划分为三类，分别是营利法人、非营利法人和特别法人。《民法典》继承了这一分类。从逻辑上来看，营利法人和非营利法人的分类方法已经是一个闭环。[1]在《民法总则》前两次审议稿中，并不存在特别法人的分类。随着立法工作的推进，立法工作者发现农村集体经济组织和其他一些组织无论是划归营利法人还是非营利法人，均有不兼容之处。故而将其独立为特别法人，与营利法人、非营利法人并列规定在《民法总则》之中。但是由于《民法总则》对特别法人规定得不完全，概念和类别的不确定，《民法总则》并没能够为农村集体经济组织的主体归属提供明确规范的依据。

（一）特别法人特征未有立法明确

特别法人在《民法总则》颁布之前，并非专业的民法概念。特别法人由法律所创设，但既有法律文本却不能为我们厘清其特征。从现代汉语释义来看，"特别"可以解读为不一般，[2]特别法人可以解读为与一般法人相对的法人。《民法总则》规定的一般法人包含营利法人和非营利法人两种类型，这两种法人存在较大的异质性，特别法人无法通过体系解释获得不同于一般法人的法律特征。"特别法人没有逻辑和体系上的正当性；从自下而上的分类逻辑看，四类特别法人的治理结构、权利、义务和责任等规则，诸如法人的性质、责任形态、成员的范围及其判断标准等，难以提取共通规定，不足以使其构成新的分类。"[3]

另一方面，《民法总则》第99条规定："农村集体经济组织依法取得法人资格。法律、行政法规对农村集体经济组织有规

---

[1] 参见龙卫球、刘保玉主编：《中华人民共和国民法总则释义与适用指导》，中国法制出版社2017年版，第231页。

[2] 参见 http://xh.5156edu.com/html5/z69m64j107467.html，最后访问时间：2020年7月15日。

[3] 参见李昊、邓辉："我国《民法总则》组织类民事主体制度的释评"，载《法律适用》2017年第13期，第59页。

定的,依照其规定。"但该条引致性规范也无法给我们提供更多的信息,当前尚未有法律从主体角度为农村集体经济组织制定具体规则。

此外,《民法总则》一共规定了四种特别法人,分别是机关法人、农村集体经济组织法人、城镇农村的合作经济组织法人和基层群众性自治组织法人。这四种法人特征相互区别完全不同,并无整体的共性规则,我们无法根据某一种或者几种特别法人的特征推知特别法人的共同特征抑或农村集体经济组织的个体特征。

(二) 农村股份经济合作社的"特别"属性

有的学者认为,农村集体经济组织特别法人之特别性体现在"成立、财产、成员、收益分配"四个方面。[1]笔者认为农村集体经济组织作为农村股份经济合作社的上位概念,农村集体经济组织的"特别"属性自然是农村股份经济合作社的"特别"属性,但是农村集体经济组织的"特别"属性不能完全涵盖农村股份经济合作社的"特别"属性。农村股份经济合作社还有区别于其他非股份制农村集体经济组织的特性,如合作社属性、股份制分配属性等。按照本章第二节归纳出来的六项特征来界定农村股份经济合作社的"特别"属性似乎较为恰当和全面。

---

[1] 参见郭洁:"论农村集体经济组织的营利法人地位及立法路径",载《当代法学》2019 年第 5 期,第 79~88 页。

第二章 农村股份经济合作社治理的基础理论问题

第一节 农村股份经济合作社治理的支撑理论

一、马克思劳动异化理论

马克思将异化理论应用于经济学领域,产生了马克思劳动异化理论。马克思认为劳动异化问题的根本在于"资本对人的控制",这一理论对于认识合作社的本质、特点和职能具有重要指导意义。

马克思认识到,在资本主义社会中人被自己的劳动产物所奴役和支配。马克思的劳动异化理论可以从三个层面来进行理解:一是,工人与其生产的产品的异化。在资本主义条件下,工人与其生产的产品的关系是相互对立的,工人生产的劳动产品不仅不会被自己所拥有,而且生产力越高,工人将变得越贫穷。工人的劳动是被作为一种商品来对待的,生产力越高,工人的劳动就会越廉价。二是,工人与其劳动行为相异化。在资本主义条件下,工人在资本的剥削和压迫下进行劳动,而强迫他们劳动的资本恰恰是他们自己创造出来的。三是,工人与其类本质相异化。人的本质特征是实现自身能力发展需要的自由自觉的劳动,但在资本主义条件下,人们的活动成为再生产出劳动力的被动活动。

马克思主义劳动异化理论,与马克思"劳动价值论"一脉相承。马克思劳动价值论就李嘉图提出的"劳动控制资本"的思想进行了完善,其"工人与其劳动行为的异化""工人与其劳动成果的异化""工人与其类本质的异化"正是对"资本控制劳动"后果的深刻总结。

马克思认为人们可以通过合作社这种方式,利用自己的生产资料来使自己的劳动增值。合作社是资本主义向社会主义过渡的中间环节,具有相当的进步性。马克思和恩格斯认为资本主义高度发达的生产力为合作社的产生和发展提供了必要的条件,"资本主义生产一方面神奇地发展了社会的生产力,但是另一方面,也表现出它同自己所产生的社会生产力本身是不相容的……欧洲和美洲的一些资本主义生产最发达的民族,正力求打破它的枷锁,以合作生产来代替资本主义生产,以古代类型的所有制最高形式即共产主义所有制来代替资本主义所有制"。[1]在合作社的基本原则上,马克思一直主张自愿参与的原则,"而我们则坚决站在小农方面;我们将竭力设使他们的命运较为过得去一些,如果他们下了决心,就使他们易于过渡到合作社,如果他们还不能下这个决心,那就甚至给他们一些时间,让他们在自己的小块土地上考虑考虑这个问题"。[2]在国家与合作社的关系上,马克思和恩格斯主张首先应当由国家掌握生产资料的所有权,这样便能保障无产阶级对合作社的领导权力,合作社将不仅仅是资产阶级改良的工具,而是具有社会主义性质的重要组织载体。

二、企业契约理论

企业契约理论在经济学界非常盛行,经济学家并不认可法

---

[1]《马克思恩格斯全集》(第10卷),人民出版社2012年版,第443~444页。
[2]《马克思恩格斯全集》(第4卷),人民出版社2012年版,第372页。

第二章 农村股份经济合作社治理的基础理论问题

律对企业独立人格的拟制,认为企业是一种由所有者、经营者、员工、债权人等多方主体共同缔结的契约束,在这束契约中,各方地位平等,为了使契约所涉各方主体利益最大化而维持这种联系。企业契约理论认为所有者并不对企业享有直接控制权,而经营者通常是董事会及各方主体所签契约连接的集合点。为了平衡各方权利义务充分起到居中调节的义务,董事会应当被赋予最大的权力。[1]

契约理论可以分为两个流派,其一为"委托—代理理论",其二为"交易成本理论"。"委托—代理理论"关注的是如何解决当股东不能够有效监控他们的代理人——被任命为代表股东全体利益而行使企业权力的董事、经理——的行为时所产生的问题。美国学者 Berle 与 Means 在其合著的《The Modern Corporation and the Private Property》一书中指出,随着公司规模的不断扩大,股权的日益分散,企业开始出现所有权与控制权的分离,经营者牢牢掌握了控制权,而股东沦为形式意义上的所有者。M. Jensen 和 W. Meckling 就该理论进行了发展。[2] 概括来说,"委托—代理理论"认为企业的所有者与经营者之间存在委托代理关系,企业治理的关键核心问题就是降低代理成本问题。"交易成本理论"主要考察为什么在不同的场合要使用不同形式的经济组织(例如,企业而非市场)来组织生产关系。"交易成本理论"可以追溯至科斯的传世名篇《企业的性质》(The Nature of the Firm),后为诺贝尔经济学奖获得者、新制度经济学代表人物奥利弗·威廉姆森所发展,其相关代表作为《治理

---

[1] 参见朱圆:《美国公司治理机制晚近发展》,北京大学出版社 2010 年版,第 39~40 页。
[2] 代表作品为 Theory of the Firm: Managerial Behavior, Agency Costs and Ownership Structure。

机制》(The Mechanics of Governance)。"交易成本理论"认为通过企业内部层级制度设计可以降低企业各方主体缔结契约的成本，并能实现减少交易成本的最终追求。[1]交易成本理论还认为企业本身是一个"契约束"，是一系列契约关系的集合，董事会应当成为企业权力的中心。虽然"委托—代理理论"和"交易成本理论"侧重点不同，但两种理论都是建立在所有权与管理权分离后管理层高度享有自治权的背景之下的，并且都认为董事会是企业的内生机构，故学界多把两个流派统一于企业契约理论之下。

三、不完全契约理论

不完全契约理论，又名不完全合约理论，是当代企业理论中相当重要的理论分析工具，其研究起点是合约的不完全性，研究目的是控制权的最佳配置。这一理论的创造者是格罗斯曼、哈特和莫尔。

不完全契约理论被广泛地运用在分析企业理性中，这种理论认为，由于人类自身存在的种种弱势，人类不具有完全理性，也不可能完全获取所有信息、确定所有交易事项，因此在交易之中双方不能完全明确所有的特殊权力，更不可能拟定完全契约，因此不完全契约必然存在，也必然经常存在。由此推论，契约中对于资源配置相对重要的，并不是已然预见的权利，而是尚未提及的控制权，格罗斯曼、哈特等人将之命名为剩余控制权(residual rights of control)。

哈特进一步解释了契约的不完全性，主要分为三个方面：①世界纷繁复杂，不可预测，未拥有完全理性的人不可能完全

---

[1] 参见 [美] 罗纳德·哈里·科斯：《企业、市场与法律》，盛洪、陈郁译校，格致出版社、上海三联书店、上海人民出版社2009年版，第29~31页。

洞察未来、预见所有可能，也不能为所有可能准备好预案；②即便准备好计划、作出预案，合约各方也很难就计划、预案达成共识，其原因众多，最重要的是语义流失导致的理解不畅，面对种种情况，人们很难找到共同语言描述之，而以往经验与既往历史也很难提供借鉴；③即便合约各方在意愿上不抗拒共识且付诸实践，他们也无法将形成既定方式在细节上划定具体方案，而第三方也无法完全明确方案的意义并强制执行。从这三个方面的契约不完全性，哈特为代表的学者区分了特定权利和剩余权利，前者在合同中被明确规定，而后者则是剩下的没被规定的那部分。按照不完全契约理论，剩余控制权的分布决定了企业和市场的区别。若剩余控制权对称分布，那就是市场；反之，则是企业。在此契约不完全的基础上，一切权力基础是物质资本所有权，一旦控制了物质资本所有权，就能毫无压力地控制人力资本的所有者，也就能控制市场与企业。换言之，人力资本的所有权相对非人力资本所有权来说并不重要。企业权力来源是非人力资本，维护非人力资本才能维护企业稳定。

面对所有权、控制权分离这一现代企业中普遍存在的现象，有学者对哈特剩余权利理论提出质疑。拉詹与津加莱斯认为，不能对非人力资本泛泛而谈，与其说非人力资本是权力的来源，毋宁说是关键资源的控制。能够控制关键资源的人可以赋予其他人"进入权"。在这里，所谓的"关键资源"范围被极限扩大，可以是创意，也可以是技能，还可以是人际关系、新鲜事物或者其他能够提升公司生产效率的东西；而所谓的"进入权"则是利用这些东西的能力或者与拥有这些东西的人一同工作的能力。在这种构架中，明确了关键资源并不仅仅是物质资产这一前提，因此非人力资本并不完全能够规定企业，尤其是现代企业中以人力资本作为企业核心业务、关键内容的新型企业。

在这一前提下继续推演,将关键要素的内涵重新定义,也就重新定义了企业——独特资产的集合。这里的独特资产,不仅仅有物质,还有创意、关系等,以及拥有物质、创意、关系等关键要素的使用权的人。

四、公司宪治理论概述

公司宪治理论的倡导者和代表人是澳大利亚国立大学法学院商法教授斯蒂芬·波特姆利(Stephen Bottomless),其代表作是他的两篇论文:一篇名为《From Contractualism to Constitutionalism: A Framework for Corporate Governance》;另一篇名为《The Bird, the Beasts and the Bat: Developing a Constitutionalist Theory of Corporate Regulation》。在这两篇论文的基础上,斯蒂芬·波特姆利出版了他的著作《The Constitutional Corporation: Rethinking Corporate Governance》,进一步完善了公司宪治思想。公司宪治理论是近年来国际上的新兴理论,在国内公司法学界亦有不少学者认为该理论具有独到之处和重大意义。香港大学教授黄辉将波特姆利的《The Bird, the Beasts and the Bat: Developing a Constitutionalist Theory of Corporate Regulation》一文翻译成了中文,并撰文《对公司法合同进路的反思》,运用公司宪治理论对公司契约理论提出批评。中国政法大学教授李建伟将波特姆利的《The Constitutional Corporation: Rethinking Corporate Governance》一书翻译成了中文。清华大学教授施天涛在《公司治理中的宪制主义》一文中,就该理论的核心内容进行了阐释并结合中国本土问题进行了应用。[1]

公司宪治理论在国内外具有较好的接受度,主要原因在于

---

[1] 参见施天涛:"公司治理中的宪制主义",载《中国法律评论》2018 年第 4 期,第 89~106 页。

"公司宪制论将公司视为一个独立存在的政治体,近乎完美地阐释了公司人格的本体性问题"。[1]"公司决策权双重结构的正式区分是公司宪治框架的关键。"[2]公司在"公司宪法"(这里的公司宪法不仅包括公司的章程,也包括《公司法》等规范中的强制性规范)的指导下,通过区分董事会决议和股东会决议,公司双层决策体制在公司宪治框架内建立了一个纵向的权力区分体系。该理论认为,股东会作出的决议,是有关公司基本规则和公司基本结构事项的,如修改公司章程的决议、解任公司董事的决议以及改变公司股本结构的决议等。董事会作出的决议,是对公司的日常运营管理意义重大的,但不能改变公司的基本结构。股东大会作出的决议并非针对日常事件,股东大会很少作出决议,而董事会进行的决策更为频繁,资本市场的特征,亦需要管理机构及时有效地作出应对。该理论认为,股东会和董事会之间应当正式地进行决策权力分工。股东会和董事会应该各有其职,各司其职,互不干涉。至于传统公司治理理论中担忧的代理成本和交易成本问题,公司宪治理论认为,可以在分权的基础上,通过问责机制、协商机制和争议机制来调整。

公司宪治理论肇始于公司领域,聚焦独立人格之主体内部所有者与经营管理者之间的权力配置,其讨论的问题和结论适用于所有存在所有权与经营管理权分离的独立法人。

---

[1] 黄辉:"对公司法合同进路的反思",载《法学》2017年第4期,第132页。
[2] [澳]斯蒂芬·波特姆利:《公司宪治论——重新审视公司治理》,李建伟译,法律出版社2019年版,第81页。

第二节　农村股份经济合作社治理的基本原则

一、所有者权益至上原则

所有者权益至上原则，是指企业经营管理者的行为一定要以所有者利益最大化为出发点。这一原则本是企业诞生的本质要求，但伴随着经济社会的发展，企业治理的相关著作中出现了许多反对"所有者权益至上原则"的声音，如"利益相关者"理论认为，企业治理不仅仅是企业与其投资者之间的一元关系。企业因其经营行为，会与包含所有者、管理者、员工、债权人等利益相关者形成多元复杂关系。这些多元复杂关系应该全部涵盖于企业治理的内涵和外延之中。还有持企业社会责任理论的学者认为，企业不仅应当关注所有者利益的最大化，还应当均衡地考虑人权、环境、公众安全等问题。

笔者认为，在进行农村股份经济合作社组织机构模式构建的时候，仍然要坚持所有者权益至上原则。一方面，利益相关者理论、企业社会责任理论等具有其独到之处，但这些理论更多的意义在于向传统"所有者权益至上原则"提出挑战，为实践和理论提供一种企业作为社会性机构的思维模式。利益相关者理论、企业社会责任理论在实践中缺乏可操作性。如若不以所有者权益至上为原则，企业经营管理者的行为将失之圭臬。理论设计上企业的经营管理者为各方利益相关者考虑，实际操作中企业的经营管理者在各方利益相关者之间寻找寻租空间，为自己谋求利益。放弃所有者权益至上原则，必将丧失对经营管理者的有效监管。另一方面，农村股份经济合作社设立的目的在于壮大集体经济、保护农民财产权益，而壮大集体经济的根本目的亦在于保护、增加农民的财产权益。农民股东相较于银行、客户等债权人处于更需要保护的地位。此外，债权人、员工、社会公众等利益可以通过信息披露制度、《劳动法》、《工会法》、《环境保护法》等其他法律予以充分保障。债权人和员工利益还可以通过市场竞争予以调节。

对于农村股份经济合作社来说，所有者利益并非指现实的利益和眼前的利益。农村股份经济合作社在发展过程中，应当处理好眼前利益和长远利益，现实利益和预期利益。缺乏现实利益和眼前利益会挫伤农民社员的积极性以及对农村集体产权制度改革的信心，甚至影响农民股东短期内的生存和生活。对于长远利益和预期利益缺乏规划和考量，又会有碍农村股份经济合作社的可持续发展，最终伤害农民可持续利益的获得。农村股份经济合作社要实现长期可持续发展，又必然会协调好其与员工、债权人以及社会公众的各种关系。从这一角度来看，所有者权益至上原则更多的是衡量经营管理者信义义务和忠实义务的标尺。

二、民主控制原则

民主控制原则，是国际合作社运动所奉行的重要原则，是合作经济与股份经济的本质区别之一。在权力机构表决权行使机制中，合作经济遵循"一人一票"的成员多数决形式，股份经济遵循经济民主"一股一权"资本多数决形式。

农村股份经济合作社的本质是合作经济，应当遵循民主控制原则。民主控制原则在农村股份经济合作社治理机制中主要体现为两个方面：一是，农村股份经济合作社的控制主体是社员集体。农村股份经济合作社既不能被少数人控制，也不能由农村股份经济合作社之外的其他人或者组织控制。必须承认，社员集体所形成的意志是农村股份经济合作社的根本意志。农村股份经济合作社实践运行中出现的干部控制、乡镇政府控制的做法，严重违背了这一原则。二是，农村股份经济合作社民主控制的实现方式是权力机构"一人一票"的成员多数决方式。成员多数决和资本多数决，都是民主制度在经济领域的运用，但"一人一票"的成员多数决制度的民主理念在于追求人人平等，而"一股一票"的资本多数决制度的民主理念在于股份平等。

需要指出的是，民主控制不等于民主管理，并非要求农村股份经济合作社社员集体参与农村股份经济合作社具体的商事运营事务和日常管理事务，社员民主多数决并非要在经营管理的具体环节上处处得到体现。社员集体只需在涉及农村股份经济合作社控制权的范畴内实行民主多数决即可。

三、分权制衡原则

"从事物的性质来说，要防止滥用权力，就必须以权力约束权力。"[1]不论是企业契约理论还是公司宪治理论，都强调构建所有者与经营管理者之间的分权制衡机制。

市场经济瞬息万变，农村股份经济合作社进入市场经济开展竞争，必然需要及时、有效地作出商事判断。社员大会权力过大，过多干预董事会在日常经营行为中的决策，会损害农村股份经济合作社的决策和运行效率。董事会权力过大，会虚置社员集体的所有权，产生董事会以公谋私，掏空农村股份经济合作社、损害社员权益的情况。

构建农村股份经济合作社治理结构，首先应当在所有者与经营管理者之间进行分权，合理配置社员大会和董事会二者的

---

[1] [法]孟德斯鸠:《论法的精神》，许明龙译，商务印书馆2012年版，第154页。

权力，既要满足公司商事运营的高效性，又要保护股东的最高利益。一方面，要为社员大会保留有关农村股份经济合作社基本规则和基本结构的表决事项，如修改农村股份经济合作社章程的决议、解任农村股份经济合作社管理人员的决议以及改变农村股份经济合作社股本结构的决议等。另一方面，要将与日常运营相关的决策权力更多地赋予董事会。其次是要在社员大会和董事会合理分权的基础上，构建制衡机制，通过监督机构的构建、配套机制的设置，保障社员大会和董事会能够在分权的框架内各司其职。

四、国家干预原则

"自治是私法的核心理念，是私法赖以生成和型塑之根基。"[1] "私法自治原则是市民社会与政治国家二元分野结构中市民自治的法律表现，是私法领域的铁律，是私法的精神之所在。"[2] 以科斯为代表的新古典经济学派，将企业视为"契约束"。在企业的存续中，"必然存在因当事方思虑不周或过于乐观而留下的诸多漏洞"。[3] 在契约理论框架下，企业法律实际上是一个为各方主体缔约提供参照的标准契约。耶鲁大学的汉斯曼教授和哈佛大学的克拉克曼教授在讨论商事组织法的功用时论述道："在每个市场经济体中，法律都会规定一系列标准形式的法律实体。在美国，这些实体包括商业公司、合作社、非营利组织、市政公司、有限责任公司、合伙、有限合伙、私人

---

[1] 参见朱庆育：《意思表示解释理论——精神科学视域中的私法推理理论》，中国政法大学出版社2004年版，第5页。

[2] 丁海俊："论民事权利、义务和责任的关系"，载《河北法学》2005年第7期，第120页。

[3] 罗培新："公司法强制性与任意性边界之厘定：一个法理分析框架"，载《中国法学》2007年第4期，第69~84页。

信托、慈善信托和婚姻等。这些法律实体大体是标准形式的合同，为所有人、经理人和债权人等当事人提供默示合同条款。"[1]有了标准契约，相关各方就不必每次都耗费人力、物力和时间成本来就企业运行应该遵守哪些规则进行谈判，标准契约的存在能够有效地降低契约束各方主体的协商成本。新古典经济学派奉私法自治为圭臬，在将商事法律视为标准契约之后，进一步得出结论，商事法律作为私法，应当最大限度地尊重当事人的意思自治，当事人具有选择使用和不使用标准契约的自由，公司法律规范应当具有充分的任意性而非强制性。

到了19世纪80年代，学界开始对法律经济学派和新古典经济学派所持的商事领域纯粹私法自治条款进行反思。最先受到关注的问题是处于信息弱势地位的所有者需要公司法采取强制性规范予以保护。[2]戈登在《公司法的强制性结构》一文中写道，"那种认为公司法中绝对的契约自由一定能够导致私人利益最大化的假设是错误的，某些强制性规则的存在能够促成更好的公司契约"，[3]戈登进一步丰富了需要以强制性规范替代任意性规范的情形：投资者保护、章程条款多样性带来的不确定性、公共利益保护、促进公司治理创新和投机行为避免等。他认为强制性规则的存在可以让各方主体从事的商事组织活动更有效率。[4]

---

[1] See Henry Hansmann and Reinier Kraakman, "The Essential Role of Organizational Law", 110 *Yale Law Journal* 388 (2000).

[2] See MelvinA. Eisenberg, *The Structure of Corporation Law*, Columbia Law Review, vol. 89 (1989), pp. 1461, 1464-70.

[3] [美] 杰弗里·N. 戈登："公司法的强制性结构"，黄辉译，载王保树主编：《商事法论集》，法律出版社2007年版，第266页。

[4] 参见 [美] 杰弗里·N. 戈登："公司法的强制性结构"，黄辉译，载王保树主编：《商事法论集》，法律出版社2007年版，第260~315页。

第二章 农村股份经济合作社治理的基础理论问题

在我国商事立法领域,不少学者认为任意性规范能够促进自由选择而强制性规范则相反,并将强制性规范数量的减少作为衡量立法进步的重要标准。2005年《公司法》修改之后,"学者盛赞新《公司法》一大缘由是这部新法秉承了公司自治之商事精神,处处虑及公司参与方之谈判空间,大大拓宽了任意性规范之适用范围"。[1]近年来,随着对公司法规范强制性与任意性探讨的深入,学界渐渐认识到强制性规范的必要性和重要性。"任意性规范与促进自由选择之间不存在对应关系",[2]私法自治以理性经济人和主体平等为假设,这一假设与现代企业治理中的各种情况并不完全相符。商事法律,尤其是商事组织法,需要强制性法律予以规制。

农村股份经济合作社社员会和董事会分权制度需要法律强制性规范予以调整,其主要原因有三。一是,农民缺乏科学合理制定农村股份经济合作社组织机构规范的能力。农民受教育程度普遍偏低。[3]自身并不具备进行现代企业组织管理的能力。目前改革实践"千人千面,千村千案",每个村按照地方政府的指引,在政府委派的律师的帮助下,自行设置农村股份经济合作社的组织机构。由律师或者地方政府提供的农村股份经济合作社组织机构设置模板存在诸多漏洞和不合理之处,无法与国家层面立法的科学性、严谨性相媲美。由村民自治形成的组织

---

[1] 罗培新:"公司法强制性与任意性边界之厘定:一个法理分析框架",载《中国法学》2007年第4期,第69页。

[2] 郭锐:"商事组织法中的强制性和任意性规范——以董事会制度为例",载《环球法律评论》2016年第2期,第78页。

[3] 青海省西宁市城北区59%的农民仅接受过小学教育,接受过初中教育的占22%,接受过高中及以上教育的人数占7%,还有6%的农民是文盲。参见丁生喜等:《青海省新型城镇化区域可持续发展研究》,中国经济出版社2016年版,第162页。

机构建设很难在股东控制与商业规则判断之间取得良好的平衡。农村股份经济合作社的产生源于国家自上而下的政策推动，国家需要为农村股份经济合作社的建设提供制度供给。二是，普通农民与村干部所掌握的信息严重不对称。国家的政策、改革的信息经常成为抽屉文件，村干部具有绝对的信息优势。信息优势能够在改革中产生巨大的寻租空间，如果允许任意变更国家法律所提供的"模板"，村干部将轻易构建符合自身利益的规则，实现农村股份经济合作社的内部人控，赚取利益。三是，农村股份经济合作社及其社员并不具备完全的竞争环境。完全的竞争环境也是私法自治的重要基础。农村股份经济合作社社员并不具备完整的入社和退社自由。市场看不见的手无法在农村股份经济合作社的不同利益主体权力配置中发挥调节作用。当少数人利用公司章程所设置的组织机构和权力配置规则侵害大多数人利益之时，农村股份经济合作社社员缺乏自由退出机制作为救济路径。国家应当为相对封闭性的农村股份经济合作社构建强制性适用规范。

通过规范农村股份经济合作社的相关法律，以强制性规范的形式推行固定的社员大会——董事会分权结构，一定程度上会损失私法自治的灵活性，但是却可以避免农村股份经济合作社组织机构设置中出现重大失误。父爱主义总是饱受诟病，但在当前农村集体产权制度改革中，农民因其对现代企业制度了解的匮乏，非常需要来自国家和法律的制度关怀。

五、私法自治原则

"自治是私法的核心理念，是私法赖以生成和型塑之根基。"[1]

---

[1] 参见朱庆育：《意思表示解释理论——精神科学视域中的私法推理理论》，中国政法大学出版社 2004 年版，第 5 页。

"私法自治原则是市民社会与政治国家二元分野结构中市民自治的法律表现,是私法领域的铁律,是私法的精神之所在。"[1]

虽然,相关立法应当以强制性规范的形式对农村股份经济合作社治理结构的法权规则作出规定,然而在法律制定过程中,立法者的理性有限,即使调研充分,所获信息也不能全面,加之市场经济和农村股份经济合作社的发展变化具有复杂性和不确定性,立法者难以预见未来,并对其进行一一规定。当在法律规范中列明农村股份经济合作社所有机构的所有权力明显超出理性预期或者存在极为高昂的成本之时,法律规范可以仅在立法者力所能及的范围内列举一些必要的和可预见的权力,而将剩余不确定的权力赋予农村股份经济合作社自治决定。

第三节 农村股份经济合作社治理结构的构建思路

农村股份经济合作社治理结构法律制度研究不能简单地搞"拿来主义"。不同立法例上不同商事组织的不同治理结构模式,均不必然具有绝对的制度优越性。任何治理结构法权模式的构建要想有效实现制度目标,均需与其所服务的商事组织的特性高度契合,并与该商事组织的内外环境相匹配。

商事组织治理结构的模式选择,以所有权与经营管理权是否分离作为分类标准,可以分为两类:一类是所有权与经营管理权合一的商事组织,如小型合伙。我国《合伙企业法》第26条第1款规定:"合伙人对执行合伙事务享有同等的权利。"在小型合伙企业中,由于所有者与经营者合一,所有权与经营管理权合一,其治理结构设置比较随意,法律不做规定,多由合

---

[1] 丁海俊:"论民事权利、义务和责任的关系",载《河北法学》2005年第7期,第120页。

伙人自行商定。另一类是所有权与经营管理权分离的商事组织。在这一类商事组织中，根据经营管理者是一个人还是一些人可以分为"所有者——经理"模式和"所有者——董事会（经理）"模式。前者以康孟达为代表，后者以股份公司为代表。"所有者——董事会（经理）"模式根据是否独立设立监督机构以及监督机构的不同地位，又可以进一步分为一元结构、垂直二元结构和平等二元结构等。

  农村股份经济合作社是典型的所有权与经营管理权两权分离的商事组织，治理结构的法律制度研究必然围绕权力机构、经营管理机构和监督机构三个方面进行。研究之初，作者并未对农村股份经济合作社应当采用哪种治理结构法权模式予以预设。但无论采用哪种模式，首先都需要对农村股份经济合作社的"所有"问题进行明确，农村股份经济合作社属于谁？农村股份经济合作社应当为谁的意志所控制？权力机构应当采用何种形式进行组织和表决？这是首先需要研究的问题。在明确权力机构的基础上，"权力机构是否能够实行自力经营""如果不能实行自力经营，应当委托何人来进行经营管理""是委托一个人还是委托一些人进行经营管理""农村股份经济合作社是否应当构建独立的经营管理机构，如何构建"等问题是第二层面需要研究的问题。在存在所有权和经营管理权分离的情形下，构建有效的监督机制自然是应有之义。如何构建有效的监督机制是第三层面需要研究的问题。

  本书立足农村股份经济合作社的特征，充分考虑其存在的时空环境，结合其在新时代承载的制度功能和谋求的利益诉求，以科学的原则为指导，运用商事组织治理理论，开展治理结构的法律制度研究。

第三章 农村股份经济合作社权力机构的组织基础
——社员

我国《物权法》第 59 条第 1 款规定:"农民集体所有的不动产和动产,属于本集体成员集体所有。"农村股份经济合作社作为农村集体经济组织的一种,要实现农村集体成员集体所有,其最高权力机构只能是由农村集体成员集体所组成的社员大会。农村股份经济合作社应当受社员大会所产生的集体意志所控制,而不是被任何其他意志所控制。这也是农村股份经济合作社独立法人地位的根本要求。社员及其权利,是农村股份经济合作社权力机构的组织基础。在进行权力机构法权模式构建之前,我们首先需要对社员的资格及其权利进行界定。

第一节 社员资格的取得

2016 年 12 月,中共中央、国务院推出《关于稳步推进农村集体产权制度改革的意见》,提出力争用 5 年时间完成农村集体产权股份合作制改革。2019 年,改革试点扩展到 12 个省份、39 个地区、463 个县。随着改革的不断深入,利益碰撞加剧、各种冲突纷至沓来,农村股份经济合作社社员资格认定纠纷成为其中较为突出的一类。2019 年,中共中央、国务院《关于坚持农业农村优先发展做好"三农"工作的若干意见》再次强调要在农村集体经济产权股份制改革中做好"成员身份确认"

工作。农村股份经济合作社社员资格得丧变更的规定是农村集体产权制度改革中人民群众最关心的问题，原因有三：其一，"社员资格"是农民个体获得社员权利、参与农村集体利益分配的基础，谁有资格成为农村股份经济合作社的社员意味着谁有资格分享农村股份经济合作社发展所带来的红利；其二，"社员资格"反映了合作社对其社员法律属性的特定要求，农村股份经济合作社需要构建与其自身及改革相适应的社员资格得丧制度进而体现其功能和特性；再次，"社员资格"规范体系与制度体系的建立对农村集体所有权的现实实现和立法表达至关重要，如果不能明确界定"社员资格"，就无法落实农村集体所有权。

当下，社员资格取得制度尚缺乏法定化调整，主要交由农村集体自治决定。社员资格准入条件中实质要素的认定，存在较大分歧。村规民约对"特定身份""亲缘关系""生产生活""权利义务关系""户籍""享有承包地""社会保障"等要素的取舍具有极大的任意性，规则构建整体呈现出缺乏科学性、合理性、逻辑性的现象。本书以社会实证和制度实证为主要分析工具，通过对农村实践的考察，揭示现有社员资格确认的困境和局限，以合作社的历史沿革、时代使命和功能特性作为社员资格取得制度构建的逻辑起点和法理支撑，针对社员资格取得制度的法定化命题，提出一种科学合理、逻辑严谨的构建方式，以期有助实践。

一、实证研究

（一）社员资格取得规则构建的实践探索

我国现行法对农村股份经济合作社社员资格认定标准的规制滞后于农村社会实践，至今，全国性的高层阶统一立法付之

第三章 农村股份经济合作社权力机构的组织基础

阙如。极少数省份在立法层面[1]或司法层面[2]曾就农村集体经济组织成员身份认定标准作出过探索，但并未形成基本共识，各地之间的具体规则存在明显抵牾、冲突。与此同时，这些规范效力层级较低，形成时间距今较远，已不能反映学界理论研究成果，更无法解决农村集体经济股份制改革中最新涌现的矛盾。

国家于 2015 年确定了首批 29 个试点县，拉开了新时代农村产权改革的序幕。该批试点县已于 2018 年完成改革，其关于农村股份经济合作社社员身份认定标准的构建是目前最新的成型的实践经验。在试点县的实践探索中，"户籍"是社员资格构建的核心要素，但各试点县均未将"户籍"作为准入条件唯一要素，而是将其与其他要素相结合。这些要素包括"是否曾是生产队、生产大队成员"（以下简称特定身份）、"是否与既有成员之间存在家庭纽带关系"（以下简称亲缘关系）、"是否在村生产生活"（以下简称生产生活）、"是否以土地为生存保障"（以下简称土地保障）、"是否与集体组织形成权利义务关系"（以下简称权利义务关系）等。其中，以"户籍"与"特定身份""家庭纽带关系"相结合的做法最为常见，如四川省成都市温江区试点县、浙江省湖州市德清试点县。这一做法事实上尊

---

[1] 各省在立法层面的探索体现在两类规范之中。一类是以农村集体经济组织为专门调整对象，将成员资格作为组成部分予以规定；另一类是为具体实施《农村土地承包法》，以农村土地承包经营管理权为调整对象，将成员资格作为享有该权利的基础予以规定。前者只有浙江、湖北和广东三省，并不多见。后者多以省级人大制定的《农村土地承包法》实施办法的形式出现，见于辽宁、安徽、陕西、四川、山东、浙江、新疆、重庆、江西等九个省或自治区。

[2] 对此问题进行过总结性探讨的高级人民法院及文件有：《天津市高级人民法院〈关于农村集体经济组织成员资格确认问题的意见〉》《陕西省高级人民法院〈关于审理农村集体经济组织收益分配纠纷案件讨论会纪要〉》《重庆市高级人民法院〈关于农村集体经济组织成员资格认定问题的会议纪要〉》等。

重了农村集体经济组织形成、变革、发展的历史以及以家庭成员作为供给渠道的现状。有的试点县认定标准极为复杂,在"户籍""特定身份""家庭纽带关系"要素之外叠加使用"生产生活""权利义务关系""土地保障"等要素,如安徽长丰试点县。这一做法体现了接纳外来人员加入的严格态度和审慎做法,但容易造成外来人员"两头空"的情况。

(二)社员资格取得规则构建的特点

整体来看,试点县社员资格认定标准具有以下特点:

第一,为不同群体设计不同的规则。大多数试点县为新生人员和新加入人员设置了不同的规则。与既有社员形成家庭纽带关系有两种方式:一种基于出生的法律事实(本书称为新生人员),另一种基于婚姻、收养、形成扶养关系等法律行为(本书称为新加入人员)。对于新生人口,态度比较宽和,往往仅要求其具有农业户口且户口在村,即可取得社员资格。对于新加入人员,要求比较严苛,除了要求其具有农业户口且将户口迁入之外,往往还要求其具备"生产生活""权利义务关系""土地保障"等要素中的一项或者几项。这体现了既有社员希望固化可得利益,排斥外来人员的想法,也在一定程度上体现了改革实践对当事人申请加入合作社的意思表示外观要素以及社员身份实质要素的探索。

第二,以事实要素作为成员身份的确认标准。"特定身份""亲缘关系""户籍""土地保障""生产生活""权利义务关系"等均是以事实关系存在为前提的典型事实要素,它们从不同方面诠释了试点县对社员身份内涵的理解。实践中,不同试点县对于同一事实要素的理解不尽相同。如"特定身份"要素,有的试点县将其界定为"曾是生产队、生产大队成员",有的试点县则将其界定为"世居此地之人";又如"土地保障"要素,有的试点县将其界定为"目前切实承包有农村集体土地",有的试点县将其界定为"在一轮、二轮土地承包中曾经承包过农村集体土地",有的试点县则将其界定为"享有承包土地的权利"。这些事实要素,有的相对明确、利于判断,如"户籍""特定身份""亲缘关系"等;有的较为抽象,不利于界定,如"权利义务关系""土地保障""生产生活"等。

第三,"兜底条款"赋予村民(社员)会议以自决权利。试点县以区县为单位,统一出台农村集体经济组织成员资格认定标准或者指导意见,对成员资格认定设置统一标准,予以同一规制。但是每个试点县都保有"兜底条款",以此赋予村民(社员)会议自决权利。如安徽省天长市试点县《村级集体经济组织成员身份界定指导意见》中规定:"上述情形之外的其他人员,是否具有集体经济组织成员资格,由本集体经济组织村民会议讨论决定。"又如四川省成都市温江区试点县《农村集体经济组织成员身份界定试行办法》中规定:"本办法中未规定的情形,由本集体经济组织社员代表会议依照法定程序讨论决定,但不得与国家法律、行政法规相抵触。"兜底条款设置的宽泛与严苛,在实践中素有争议。从私法团体的基本理念出发的一方,强调成员资格团体自决是私法自治的基本原则,强调将社员资格取得问题作为内部事项交由集体表决、塑造农村集体经济组织自治属性的重要意义,认为兜底条款留给集体表决的外延越宽泛越好。另一方则从农村股份经济合作社承担的特殊社会职能出发,强调农村股份经济合作社肩负着农民的生存保障功能,认为如若将其社员资格交由团体自决,必然会进一步加剧社员资格纠纷,提出兜底条款留给集体表决的外延越严苛越好。但不论宽严,保有"兜底条款"是实践中的通行做法。

二、法理分析

（一）以"特定身份"和"亲缘关系"为社员主要供给渠道具有历史应然性

农村股份经济合作社是农村集体经济组织在当代的新型呈现形式。农村集体经济组织是一个历史性概念，基于政策与法律的构建而生，发展延续至今。与其相伴而生的，还有农村集体所有权和农村集体成员。2007年《物权法》明确了农村集体成员、农村集体经济组织和农村集体所有权三者的关联，该法规定，农村集体所有权"归成员集体所有，由农村集体经济组织法人代表行使"。[1]随着时代的发展，农村集体经济组织的形式不断变化，但农村集体所有权恒定不变，农村集体所有权是联结不同形式农村集体经济组织的核心纽带，农村股份经济合作社"社员资格"规范体系与制度体系的建立不仅与当下合作社的功能和特性相关，其规定性来自农村集体所有权产生和发展的历史沿革。

农村股份经济合作社赖以构建的财产基础是农村集体资产。农村集体资产最初来源于合作化运动时期"合作入社"农民私人财产的转让。农村集体所有权由农民让渡土地、牲畜、大型农具等私有财产所有权而形成。农民让渡以土地为代表的私有财产权后，不掌握任何生产资料。在此基础上，农民要保持自身的生存发展，需要从农村集体组织处获得保障，而农村集体组织成员资格的取得正是农民让渡私有财产权的对价。合作化运动时期，中国逐渐形成了城乡二元社会保障体系，与城市居民不同，在农村集体组织之外，农民不享有任何社会保障，因

---

[1] 谭启平："'三权分置'的中国民法典确认与表达"，载《北方法学》2018年第5期，第8页。

此，不仅让渡生产资料的农民个体，其家庭成员和子女后代也需要从农村集体组织处获得保障。

试点县大都明确将社员来源范围限定为原生产队队员、原合作社社员或村民子女、配偶，既往的地方性法规和司法判决也均表现出对这一供给模式的尊重，确立了"特定身份"和"亲缘关系"这两个社员资格准入条件的实质要素。从农村集体所有权形成的历史来看，以特定身份为起点，以亲缘关系为纽带，以家庭成员为延续，将"特定身份"和"亲缘关系"作为社员资格取得规则的首要实质要件，"不仅仅是一种政治承诺，更是对农民财产权的尊重"。[1]

以亲缘关系为社员主要供给渠道构建社员资格准入条件，是否需要辅以地缘要素，即"经常居住地"要素，是一个实践中备受关注的问题。封闭型社会中，亲缘要素和地缘要素是统一的，地缘要素是亲缘要素在区域空间上的投影。计划经济时代，人口自由迁徙受到严格限制，农村社会封闭，农村集体经济组织成员的地缘性和亲缘性是一致的，二者共同统一于户籍外观之下。伴随着人口的自由流动，地缘和亲缘两个要素开始分离，问题由此产生。单独满足亲缘要素即可取得社员资格，还是同时满足"亲缘""地缘"两个要素方能取得社员资格，需要从合作社之"缘"的实质来寻求答案。农村集体经济组织在成立之初，是一定区域内的农民，以土地所有权转让为联结所形成的共同劳动、按劳分配的经济组织。本书将这种基于土地所有权转让所形成的连接称为"地和性"。农村集体经济组织成员因土地所有权转移而联结在一起，土地是共同劳动和生产分配的基础。这种土地联结所产生的"地和性"在外观上呈现出

---

[1] 戴威："农村集体经济组织成员资格制度研究"，载《法商研究》2016年第6期，第88页。

地缘性、区域性。地缘性、区域性是农村集体经济组织的外观表现，地和性是其内在实质。农村集体经济组织从来不是一定区域内的人员的集合，而是一定区域内贡献了土地所有权的人员的集合。农村集体经济组织的本质特性是"地和性"而非"地缘性"或"区域性"，这决定了"地缘要素""经常居住地"要素作为农村股份经济合作社社员资格取得条件的要素缺乏合理性。

（二）以合作社的社会保障性为逻辑起点具有现实合理性

1. 合作社为农民提供社会保障的必要性

中国农村和城市分属不同的社会保障体系，总的来说，城市社会保障水平较高，农村社会保障水平较低。近年来，农村社会保障体系逐渐加强，新型农村合作医疗保险和城镇居民基本医疗保险合并为城乡居民基本医疗保险，但是农村社会保障仍然与城市差异巨大。农村养老保险的绝对水平和替代率均远低于城市养老保险，城乡居民基本医疗保险的保障水平也根本无法与城镇职工基本医疗保险相衡量，农村养老和医疗方面的社会保障无法帮助农民消除年老体弱时的生存风险。此外，农村公民也不享有工伤、失业、生育等其他社会保险。中华人民共和国历史上，农民向集体让渡以土地为代表的私有财产所有权后，自身再无任何生产资料。集体中的农民要保持自身的生存和发展，必然需要从集体经济处获得保障。当今，在国家对农村社会保障力度不足的情况下，农村集体经济组织为农民提供保障依然很重要，这不仅关系到农民个体的生存和发展，也关系到农村现代化的整体布局。20世纪70年代著名的"拉美陷阱"，就是因为城市化进程中没有有效解决农业农村农民问题，农民失去了一切社会保障，最终导致社会矛盾激化。

以合作社的社会保障性作为规则构建的逻辑起点具有现实

合理性，这与以"特定身份"和"亲缘关系"为社员主要供给渠道的路径相呼应。农民个人和家庭成员社员身份的获得，从历史维度来看，是让渡土地所有权所形成的对价权利；从现实维度来看，是生存发展的根本需求。

2. 以社会保障性为逻辑起点的规则构建要素

农村股份经济合作社是在国家政治强力作用下产生的一种与国家政权基础息息相关的经济载体，与新中国合作化运动时期的高级合作社、人民公社，改革开放后各种形式的农村集体经济组织一脉相承，在壮大集体经济、实现农业现代化的进程中肩负着为农民提供社会保障的时代重任。以社会保障职能作为设计社员资格取得规则的出发点和落脚点，其逻辑在于建立农民个体与集体组织之间的制度联结。农民个体以社员身份为凭借，进而从集体组织处获得生产、生活的根本社会保障。

对于"社会保障"标准之判断，大多将其等同于"土地保障"，在早期研究中，就有学者提出"某个自然人能否成为集体组织的成员，看他是否依赖集体土地为其基本的生存保障"，[1] 有的学者认为"土地是农村集体经济组织成员最基本的生产和生活资料，具有基本生存保障的功能，如同城市居民享有的社会保障体系"。[2] 实践亦基于这一认知，将"社会保障性"要素具象为若干并不相同的要素，如"生产生活"要素、"承包地"要素、"不享有其他社会保障"要素等。如何以实质的外在标准确认"以合作社为社会保障"这一隐藏内涵，是实践中提炼这些要素所共同关注的核心问题。笔者认为，不能将"社会

---

[1] 韩松：《集体所有制、集体所有权及其实现的企业形式》，法律出版社2009年版，第82页。

[2] 陈小君："我国农村土地法律制度变革的思路与框架——十八届三中全会《决定》相关内容解读"，载《法学研究》2014年第4期，第14页。

保障"等同于"土地保障",土地是农村集体经济组织成员最基本的生产和生活资料,但是随着农村现代化的推进,现代科技、现代商业融入农业产业,除了土地产出,支撑合作社承担"社会保障"功能的还包括商贸产出、科技产出等。"土地保障"仅仅是合作社"社会保障"的一个重要方面,而不是全部;即使强调"土地保障",也不能将其具象化为实际生产生活抑或实际享有承包地,农民个体虽然进城,一旦遭遇重大挫折,随时有退城回村的潜在可能性,而且,年富力强时外出务工,年老体弱时回村务农已经成为农村劳动力城乡流动的特点。"'基本生活保障'不应理解为日常的、现时的生活来源",[1]应以当事人能否在农村集体经济组织之外获得稳定的、长期地、持续的生存保障为判断标准。相较于以现时是否享有土地保障而确定的"生产生活"要素、"承包地"要素,以当事人能否在农村集体经济组织之外获得"替代性保障"为事实要素,是更为妥当的做法。

(三)以"户籍"作为外观标示要素具有多重效用

户籍制度是我国社会一项基本的制度安排,不仅是公民民事登记和人口动态统计的依据,也是现实中实现区别化利益分配和资源配置的重要工具。户籍要素在社员资格确认中发挥着多重效用。

1."户籍"要素标示社会保障体系享有情况

我国现行户籍制度肇始于20世纪50年代,城乡二元结构形成于1958年,以《户口登记条例》的颁布为标志,城乡居民区分为"农业户口"和"非农业户口"两种不同户籍。城乡二元户籍制度构建的初衷,在于防止农村劳动力大规模流入城市和

---

[1] 参见天津市高级人民法院《关于农村集体经济组织成员资格确认问题的意见》。

保障城市基本生活品和最低社会福利的供给。户籍所在地与经常居住地、户籍性质与社会保障享有情况一一对应。改革开放后，随着城市化建设的推进，人口自由流动的管制逐渐放开，户籍所在地与经常居住地相分离，但户籍性质仍然与社会保障和公共服务享有相挂钩。附着在户口背后的城乡差别的政治、经济、文化利益依然对人民的生活机会造成支配性的结构差异。城乡二元户籍制度与社会保障和公共服务的提供具有制度化的联系，可以说，城市非农业户口代表着高水平的就业、教育、住房、医疗、养老和劳动保障，农业农村户口公民的医疗水平与养老保障标准则相对较低。

我们处于社会主义初级阶段这一基本国情没有变，国家缺乏充足的社会公共资源为城乡所有人群提供保障。社会保障体系只能在低效率的平均主义和差别待遇中二选其一。完全根据经常居住地这一属地原则进行资源配置，大量人口涌入高福利地区，将不可避免地导致福利政策的失败。故而，在未来很长时间段内，户籍制度将依然是调配国家公共资源的重要手段。

2. "户籍"要素标示社员资格享有的唯一性

农村股份经济合作社及其所有资源是农民赖以生产、生活的物质保障。整个国家的农村集体经济组织的资源总量是有限的，需要被全国全体农民公平享有。故而一名农民只能占有一个农村股份经济合作社的社员身份，不能保有两个或者多个农村股份经济合作社的社员身份。农村股份经济合作社社员身份的唯一性要求在全国范围内构建统一的社员身份登记平台。

当下，全国范围内的统一社员身份登记平台还未开始构建，改革实践迫切地需要寻找一样能够在全国范围内具有唯一性的外观标示要素。在这一思路的指引下，户籍制度暂时代替了合作社社员登记制度。户籍制度是我国社会管理的一项基本制度安排，中华人民共和国（大陆）的每个公民都具有户籍，且只具有一个户籍。户籍的得丧变更需要经过严格的、规范的行政审查，户籍取得和变更的结果需要经由行政登记记录在档。公民无法占有多个户籍，亦无法根据自己的意思或者利益需求，任意变更户籍。行政行为的有力背书使得户籍简洁明了、易于判断，且不易变动，在一定程度上起到了确定成员身份唯一性和对外公示性的效果。

3. "户籍"要素标示当事人的意思自决

户籍变动，包含户口迁移和户籍性质变动两种情况。户籍变动是一项行政行为，在符合行政管理规定的条件下，户籍变动基于当事人的申请而发生。如前所述，户籍制度在公民民事登记和人口统计的基本功能外，尚具有区分配置社会保障和公共服务的功能。农业户口与非农业户口各自黏附不同的社会保障供给。农业户口与农业户口之间、非农业户口与非农业户口之间，由于区域发展不平衡，也存在社会保障水平差异。当事人选择户口变动，实质上是选择脱离一个社会保障体系，进入另一个社会保障体系。"每个人都会通过对成本与收益的分析，优化选择实现特定目标的方式和手段进行优化选择，以寻求自身利益的最大化。"[1]当事人能够充分意识到不同社会保障体系的差异以及户籍变动的后果，对于是否申请变动户籍具有充分自主性。申请户籍变动，进而变更其黏附的社会保障体系，是当事人依照自己的理性判断，设计自身生活，管理自身事务，彰显个人意志的充分体现。

农村股份经济合作社应该为原生产队、生产大队的成员及其家庭成员提供生存保障，应当以合作社的社会保障性作为社

---

〔1〕 葛洪义、张顺："人的理性的法律表达"，载《天津师范大学学报（社会科学版）》2015年第2期，第22页。

员资格取得规则设计的出发点和落脚点。鉴于社会资源的有限性，同一人员不能享有两个合作社社员资格，亦不能在两套社会保障体系中获得福利。户籍在当代仍然具有标示社会保障体系的功能，以户籍作为社员资格取得规则的标示要素，能够将进入其他社会保障体系的人员排除在外。户籍具有唯一性和行政登记性，适合作为推定当事人个人意愿的外观条件。

三、制度构建

（一）社员资格取得的一般规则

应当以"特定身份""亲缘关系""户籍"三要素叠加构建了社员资格取得的一般规则。

农村股份经济合作社的构建资产来自农村集体，在新时代肩负着为集体成员提供社会保障的责任。实践中，对于"亲缘关系"的界定不存在分歧，对于"特定身份"的界定存在分歧，有的将其界定为"世居此地者"，有的将其界定为"高级合作社时期、人民公社时期，生产队、生产大队的原入社农民"，有的将其界定为"土地承包时，已经取得本集体经济组织土地承包经营管理权的农户"，三种界定的外延几乎是重合的，但是"高级合作社时期、人民公社时期，生产队、生产大队的原入社农民"这一表述更能反映农村股份经济合作社的历史发展脉络和"地和性"特征。

"亲缘关系"要素是指基于出生、婚姻、收养、扶养等事实或行为与具有"特定身份"之人形成家庭关系的必要因素。实践中对于出生的新生人口和因婚姻、收养、扶养等行为形成亲缘关系的新加入人口设计了不同的规则。如形成权利义务关系、享有承包地、以土地为保障等。这些要素的设定旨在确定新加入人口是否以农村集体经济组织为生存保障。农村股份经济合作社的社会保障作用是一种应然的保障而不是实然的保障，先有资格后有保障，如果根据已经取得的保障再反推资格，则是本末倒置的表现。对于新加入人口赋予更加严苛的条件亦有合理之处，相较于新生人口，新加入人口除拟加入的合作社之外，必然还存在其他社会保障，有可能是城市保障体系，也可能是其他社会保障体系。根据社会资源有限性，不能两头占的思路，新加入人群需要在多个社会保障体系中作出选择。在全国统一登记平台形成之前，当事人的意思自决以户籍变动为标志。

实践中，普遍为非亲缘关系人员取得合作社社员资格留有余地，将其确认资格的权利赋予了村民自决。这种做法有失妥当：一方面村民自决容易以民主的形式掩盖暴力，损害少数人的利益；另一方面，非亲缘关系人员，即使长期在村生活，并曾经在历史上为集体经济的发展作出过贡献，但合作社存在和发展的核心基础是土地，非亲缘人员与合作社存在的基础并无关系，参与分配不具有合理性。

（二）社员资格取得的例外规则

在一般认定规则之外，应当以"替代保障享有"要素修正户籍外观的偏差，构建社员资格取得的例外规则。由于农村资源的有限性，某一农村集体经济组织的成员将因获得其他社会保障而丧失其成员资格。户籍在相当大程度上具有甄别作用，但也存在一些特殊情况。

第一种情形是，户籍迁出但当事人并未进入另一社会保障体系，也不具有变动社会保障体系的意愿，而只是因为户籍政策而迁出，如升学、参军、服刑、出国务工（迁入劳务输出公司）等。此类情况在实践中并不具有争议，普遍认为，在此期间，可以为其保留合作社社员取得资格。该阶段结束后，能够将户口迁回原籍，不问户口性质，亦应该为其提供保障。

第二种情形是，户籍在村但享有其他社会保障。如公务员、事业单位、国有企业正式职工等。该类人员户籍大多由农村户口变更为非农村户口并迁入单位集体户，但存在一些人仍保留农业户口并在村的情形。有的合作社将公务员、事业单位等依靠国家财政支付工资的人员排除在外，有的合作社将在国有企业工作的人员一并排除在外，还有的合作社将享有城镇职工养老保险的人员排除在外。此处争议在于，合作社所提供的保障是终身保障，而这些工作存在失业的可能，以一时的其他社会保障的享有来排除合作社这一终身保障，似乎不妥。笔者认为，即使存在工作变动的可能性，但这类人员均已进入城市保障体系，即使失业，也能享有城市居民所享有的社会保障。应以城乡二元社会保障体系为分割，若在城市保障体系中再具体细分，会不断产生纷争，以致规则缺少定纷止争的作用，不利于促进乡村和谐发展。与此相类似的一个问题是，原为农村户口，后出资购买小城镇户口的人员，能否享有社员取得资格。大多数地方认为其已经进入城镇社会保障系统，不应再获得合作社的保障。有的地方认为，小城镇的社会保障水平较低，与农村几无区别，如果其在村里还保有承包地，可以将其认定为合作社社员。笔者认为，出资购买小城镇户口是当事人的自愿行为，小城镇户口在很长一段时间内帮助当事人逃避了农业税的缴纳，并为其享受优质教育资源、医疗资源等提供了可能性。若当事人通过购买小城镇户口进入城市社会保障体系而成为既得利益者，则不宜再次分享农村改革发展的成果。

（三）社员资格争议的救济

虽然本书倡议，应当以精细化的强制性法律在合作社社员资格取得这一问题上限缩村规民约的任意性，但村规民约在这一问题上必然具有自治空间。对村规民约合法性的监督是保障当事人公平取得农村股份经济合作社社员资格的重要保障条件。《村民委员会组织法》将村规民约的合法性监督仅仅限定为行政监督——乡镇政府备案,[1]这显然不够。如果村规民约对于合作社社员资格取得规则的设定侵犯了村民所依法享有的主体权利,如何撤销这一自治规则以及如何补救主体权利受到损害的当事人的权益,目前尚缺乏明确的司法救济路径。笔者认为,构建合作社社员资格取得规则的村规民约,在行政监督之外,当事人应当有权就其被侵犯权益之事提起侵权之诉。

另一方面,农村股份经济合作社社员资格确认纠纷,在全国近半数省份不具有司法可诉性。[2]其裁判理由为:"该类案件系村民自治范畴,不属于人民法院民事诉讼的受案范围。"笔者认为,此系对村民自治的误解所致。本质上来说,村民自治是一种相对自治,而不是绝对自治,其从属于中国现行的法治框架,村民自治机关和村民的自治行为必须遵守国家的法律法规乃至国家政策的规定。村规民约根据国家法律授权而发生效力,它不得违反国家法律的强制性规定。人民法院应当对此类案件予以受理,并实质性审查村规民约是否违反了国家法律的强制性规定,进而实现对当事人合法权益的保护。

---

[1]《村民委员会组织法》第27条规定:"村民会议可以制定和修改村民自治章程、村规民约,并报乡、民族乡、镇的人民政府备案。村民自治章程、村规民约以及村民会议或者村民代表会议的决定不得与宪法、法律、法规和国家的政策相抵触,不得有侵犯村民的人身权利、民主权利和合法财产权利的内容。村民自治章程、村规民约以及村民会议或者村民代表会议的决定违反前款规定的,由乡、民族乡、镇的人民政府责令改正。"

[2] 笔者在无讼案例数据库检索到相关裁判1698份,涉及29个省份,仅河北、湖北、广西、海南、重庆、四川、陕西、甘肃、天津、安徽、山西、内蒙古、福建、山东、湖南15省法院作出判决,其他14省法院均认为"该类案件系村民自治范畴,不属于人民法院民事诉讼的受案范围"。

第二节 社员股权的类型

社员股权类型不同,对于社员资格的丧失具有不同的影响。我们在讨论社员资格丧失规则之前,有必要就社员股权类型进行详细讨论。

2016年,中共中央、国务院《关于稳步推进农村集体产权制度改革的意见》指出:"股权设置应以成员股为主,是否设置集体股由本集体经济组织成员民主讨论决定。"该意见将农村股份经济合作社的股权类型划分为成员股和集体股,这一分类是对农村集体产权制度改革实践所形成经验的提炼和总结。农村股份经济合作社股权类型可以分为成员股和集体股。成员股又包含人口股、年龄股(包括村龄股、劳龄股等)、资本股、土地股等。被认定为具有农村股份经济合作社社员资格的农民基于其成员身份、劳动贡献、出资情况等可以分别获得不同类别不同数量的成员股。

一、人口股

人口股指农民基于农村集体经济组织成员身份而获得的股权。人口股,是每个农村股份经济合作社股权设计中所必然包含的类型,故又被称为基本股。人口股的设置目的在于最大限度地保持收益分配的公平,并为每一个农村集体成员提供生活保障。

人口股在不同的农村股份经济合作社成员股类别中所占比重不同。有的村成员股类别中仅设置人口股,如江苏省江阴市富阳村股份经济合作社只设置集体股和人口股,其中集体股占

52%，人口股占 48%。[1]有的地区建议不能在成员股类别中单独设置人口股，如 2010 年杭州市相关指导意见，要求必须在成员股类别中设置人口股和劳龄股，人口股所占比例不低于总股本的 50%；[2]另有《山西省农村股份合作社章程（示范）》建议，农村股份经济合作社应当以人口股为主，农龄股为辅，人口股所占比例原则上不低于 50%。[3]2013 年山东省枣庄市政府相关工作方案要求，股权设置要以社员身份及其劳动贡献为依据，原则上按人口股与农龄股相结合的方式设置个人股权，人口股所占比例不低于总股本的 60%。[4]成员股中人口股设置的比例差异体现了农村集体内不同群体的诉求博弈。单一人口股的设置方式，多出现在人口流动不大的农村集体，在这些农村集体中，复合设置人口股和劳龄股与单一设置人口股相比较，以家庭为单位计量，对农民个体的利益影响不大。在人口流动较大，原始积累比较复杂的村，多采用人口股和劳龄股的复合设置，二者的相对比例由原始集体成员和新生集体成员（包括新出生人员和新迁入人员）博弈产生。在原始成员占主导的农村集体中，劳龄股所占比重相对大一些，在新生成员占主导的农村集体中，劳龄股所占比重相对小一些。

二、年龄股

年龄股，是以农村股份经济合作社社员实际年龄、在村年

---

[1] 参见江阴市史志办公室编：《江阴年鉴 2007》，方志出版社 2007 年版，第 418 页。

[2] 参见杭州市市委办公厅、市政府办公厅发布的《关于集体资产所有权置换股份合作社股权的若干意见》。

[3] 李劲民：《山西农村集体产权制度改革研究》，中国社会出版社 2016 年版，第 132 页。

[4] 参见枣庄市人民政府办公室印发的《枣庄市农村土地承包经营管理权确权登记工作实施方案》。

龄或者劳动年龄作为参照依据确认股权份额的一种股权类型。年龄股是农村股份经济合作社股权类型的有机组成部分，是对人口股的重要补充，包括年龄股、劳龄股、农龄股、村龄股等不同具体股权类型。

年龄股在农村集体产权制度改革实践中起到了很好地调节矛盾的作用，但本书就年龄股的合理性提出质疑。年龄股设置的前提支撑认知是，农村集体成员的劳动对于农村集体资产的积累是有贡献的，在村时间越长或者参与劳动时间越长，贡献越大。村龄股的计算方式，有的村是以出生作为计算起点，[1]有的村是以18周岁作为计算起点；劳龄股的计算方式，有的村侧重于计算新中国合作社时期参与劳动的时长，[2]有的村侧重于计算1983年至今的劳动时长，[3]有的村一揽子计算人民公社成立至今的劳动时长。[4]

---

[1] 河北省张家口市宣化区万字会村在改革中实行如下方案：16周岁以下的按8:10折合；男16周岁至60周岁、女16周岁至55周岁的本村农业户口人员，或者户口不在本村，但在村集体企业连续工作10年以上的非本村村民享有劳龄股。参见谢忠平：《城市社区党的建设理论与实践创新》，天津人民出版社2014年版，第216页。

[2] 北京市宋庄镇劳龄股的量化方法是：自1956年1月1日（合作化）至1983年12月31日（第一轮土地承包），户口在本村且实际参加过集体劳动的人员或在村办、镇办集体企业参加工作的人员享有劳龄股，根据劳动年数确定股份额。参见陈天宝：《农村社区股份合作制改革及规范》，中国农业大学出版社2009年版，第37页。

[3] 云南省昆明市高新开发区梁源村在《梁源居民委员会第四居民小组关于集体资产经营管理股份量化的报告》中规定，个人社龄股的量化方法为从1984年1月1日至2001年12月31日期间户口没有迁出迁入情况，并且现在还健在的户口在本组的，按每在本组一年量化一股，应得18股；1984年1月1日至2001年12月31日期间，户口转出的，按转出的当年截止量化时间，截止时间前并且现在还健在的按一年一股量化社龄股。参见李如霞、刘芳编著：《征地补偿疑难问题专家解析》，中国法制出版社2012年版，第88页。

[4] 根据笔者实地调研，北京市朝阳区来广营乡红军营村劳龄股是根据本村每个农业劳动力在1956年到改制基准日间参加集体劳动的时间计算的。

对年龄股这一前提支撑的合理性一直存在质疑，主要质疑原因有二。①农村集体经营性资产的增值与农民个体劳动贡献是否具有关系受到质疑。农村集体经营性资产增值主要来源于土地增值，集体土地收益、土地衍生收益和土地变价款是农村集体资产最主要的来源，这些收益与农民个体的劳动贡献几乎是没有关系的。②无论合作化时期还是联产承包时期，农民个体的劳动贡献已经通过工分和报酬的形式获得了第一次分配。绝大多数村庄，合作化时期的集体积累和联产承包时期以"三提五统"方式形成的集体积累已经所剩无几。由此看来，年龄股设置的根本目的并不在于对形式公平的矫正，而在于调整新、旧人员之间，在村、不在村人员之间的利益争夺，并不具有真正意义上的实质公平。

本书并非对年龄股持完全否定态度，而是认为，年龄股的设置应当与非土地相关集体积累挂钩。非土地相关集体积累较少的村，不应当设置年龄股，或者应当严格控制年龄股的比例。非土地相关集体积累较多的村，应当设置年龄股，并且可以适当提高年龄股在总资产中的占比。实践中，农村股份经济合作社是否设置年龄股，如何设置年龄股的比例，无法通过法律进行调整，只能通过法律和政策予以引导，接受农村股份经济合作社社员民主表决的结果。

三、资本股

资本股，指在农村股份经济合作社组建过程中，农村集体成员抑或外部人员通过资本出资而形成的股份。资本股分为两种：一是由本身并不具有农村股份经济合作社社员身份的外部人员出资而成，如1998年北京市密云县（今密云区）南石城村在产权改革中，为了获得资金开发村中旅游资源，吸纳北京金凤凰旅游公司作为社员;二是由农村股份经济合作社社员出资形成。

农村股份经济合作社在发展过程中普遍面临融资难的情况,现金股、资产股的存在具有不可替代的作用。但是随着改革的不断探索,实践中农村股份经济合作社已经不再引入外部资金。主要原因有二:一是在引入外部资金的情况下,农村集体资产,主要是土地资产普遍存在被严重低估的情况,随着土地的不断升值,农民的被剥夺感不断加深;二是外部资金所占表决权比重较大,容易导致农村股份经济合作社滑向资本控制,严重侵害农民的可获得性收益。由于这两方面原因的存在,在历史上引入外部资金的农村股份经济合作社中,农民和外来资本之间矛盾重重,群体性事件多发常发,严重影响农村股份经济合作社的发展。同样是考虑到农村集体资产不易量化的问题,农村股份经济合作社本社社员出资所形成的资本股在总资产中所占比例也被严格控制,如要求不超过20%或者30%等。

四、土地股

目前农村集体产权制度改革,主要是就经营性资产进行折股量化,还未普遍开展资源性资产的折股量化,实践中虽有农村集体就资源性资产开展量化,但并未形成可总结的经验。北京市昌平区马池口镇乃干屯村在农村集体产权制度改革中采用了土地承包经营管理权入股模式,将土地承包经营管理权股,与户籍股、劳龄股并列进行量化配股。计算标准是按照当地区域征地补偿最低标准5万元/亩计算土地资产总值,将其中70%平均分配给拥有土地确权资格的集体经济组织成员,除以基本股值得出每人土地承包经营管理权股数,以此分红。

农村资源性资产并不是本阶段农村集体产权股份制改革的

对象，农村资源性资产的流转是"三权"分置改革的重点研究内容。"三权"分置改革后，农村资源性资产如何与农村股份经济合作社的发展壮大并轨，需要进一步讨论。

五、集体股

集体股是一种普遍存在的股权类型。随着农村集体产权制度改革的推进，对于集体股的存废，各地的认识出现了分化。有的地区明确要求设置集体股，如深圳、青岛、贵阳等地；[1]有的地区明确要求废除集体股，如绍兴、苏州等地；[2]有的地区赋予了各村是否设置集体股的自由裁量权。如上海等地。[3]

集体股存废存在争议的原因有二：其一是集体股的控制权问题。集体股大多由村委会持股，并且享有分红权和表决权；其二是集体股收益主要用于农村公共设施和公益事业建设支出。一方面，农村股份经济合作社是否肩负着农村公共设施和公益事业建设的职能存在争议。有的学者认为，农村集体产权制度改革应当将农村股份经济合作社经济职能和政治职能彻底剥离。

---

[1]《深圳经济特区股份合作公司条例》（2011年修正）第27条第1、2款规定："公司设置集体股和合作股。……集体股占集体财产折股股份总额的比例由市人民政府规定。"青岛市《关于扎实推进农村集体经济组织产权制度改革的意见》要求："股权设置类型分为集体股和个人股，各区市根据实际情况确定集体股与个人股之间比例。"《贵阳市发展壮大农村集体经济行动计划（2014—2017年）》甚至提出："2014年全市所有行政村每village至少成立1个由村集体控股或参股的新型农村集体经济组织，实现农村集体经济组织全覆盖。"

[2] 中共绍兴市委绍兴市人民政府《关于推进农村社区股份合作制改革的意见》规定："在资产量化过程中，原则上不设集体股，一般只设个人股。"2015年苏州市也明确要求："凡今后新组建的社区股份合作社，一律实行股权固化，且不再设置集体股。"

[3] 上海市人民政府2014年颁布的《关于推进本市农村集体经济组织产权制度改革的若干意见》规定："撤制村原则上不设立集体股，未撤制的村及乡镇可设立一定比例的集体股。"

另一方面，由村委会持有集体股，并且享有分红权和表决权，集体股的使用由村委会决定，而不是由农村股份经济合作社社员集体决定被认为没有解决农村集体产权虚置的问题，实践中也的确屡屡出现侵害农民社员和农村股份经济合作社利益的事情。

目前，我国农村社会发展仍然受城乡二元结构制约，城乡公共产品供给均等化建设道阻且长。当前农村公共产品供给来源主要有三：一是上级财政拨款；二是农民摊派；三是农村集体经济供给。财政拨款不足以支撑农村公共产品供给的全部需求，存在较大缺口。农村公共设施和公益事业建设具有必要性，公共产品供给不足，会影响农村的长期稳定可持续发展，农村集体经济肩负着补足政府财政拨款缺口、为农村公共产品供给输血的任务。[1]这一情况由国家社会经济发展情况决定，并不能通过"明晰产权""政经分离"等制度改革所改变。农村股份经济合作社作为新时代的农村集体经济组织，承担公共产品供给的任务具有现实合理性。

集体股由村委会或乡镇政府控制，并且享有分红权和表决权，是集体股饱受诟病的根本原因。有的学者认为，可以通过集体股的存在实现内部人控。"社区行政组织或村委会对合作社日常人事管理权和经营决策权的过度干预现象，在集体股占优势的土地股份合作社表现得尤为突出。"[2]"现实中更多的是农民群众反对保留集体股，认为这样的改革不彻底，会为集体资

---

[1] 根据国务院办公厅转发原卫生部等部门《关于进一步做好新型农村合作医疗试点工作的指导意见》）与国务院《关于开展新型农村社会养老保险试点的指导意见》）的规定，集体补助应当是新型农村合作医疗保险与新型农村社会养老保险资金筹集的重要组成部分。

[2] 杨红朝："土地承包经营管理权入股农民专业合作社法律问题探讨"，载《河北法学》2011年第6期，第28页。

产管理和二次分配留下隐患。"[1]当前有的学者提出了公积金和公益金的形式作为集体股的改革代替,认为可以通过公积金和公益金的提取来实现农村股份经济合作社的社会职能,同时又可以避免集体股所附随的内部人控和利益输送问题。实践中已经存在提取公益金替代集体股收益供给集体公共设施与公益事业的规定。例如,江苏省相关意见规定,村级组织的正常开支、社会福利和公益事业建设资金,主要通过提取公积公益金的方法解决。2015年苏州市进一步规定,要将集体股核销转化为个人股,通过公积金的方式来补充公共服务和村级组织的基本开支。[2]2011年重庆市则在相关实施方案中也直接做了提取公积金的规定。虽然现行地方规范性文件对公积金、公益金提取的规则未有具体规范,但是各地已经开始探索公积金、公益金替代集体股的可行性。[3]

第三节 社员资格的丧失

一、实证研究

农村股份经济合作社社员资格管理有两种模式:一是动态

---

[1] 黄延信等:"农村集体产权制度改革若干问题的思考",载《农村经营管理》2014年第4期,第10页。

[2] 2015年4月7日苏州市《社区股份合作社股权固化改革工作现场推进会对下一步工作的部署》中明确规定:"已经设置的集体股在本轮股权固化改革中调整核销(即量化为个人股)后,原来由社区股份合作社承担的村(社区)公共管理支出,调整到合作社收益分配中预留列支。同时,要严格把握股红分配比例,即最高不突破40%用于集体经济组织成员的分红,30%用于村或涉农社区的公共服务和基本开支,30%用于股份合作社的积累再生产。"

[3] 重庆市人民政府办公厅《重庆市推进农村新型股份合作社发展实施方案》规定:"农村新型股份合作社每年应从当年盈余中提取公积金以及必要的公益金、风险基金。"

管理模式,指农村股份经济合作社在一定时期内随着人口的变化而调整股权和份额;一是静态管理模式,常被表述为"生不增、死不减;进不增,出不减"十二个字(即"两不增,两不减"),指农村股份经济合作社以改革基准日为时间节点所确定的股权份额自始不变。全国首批 29 个县试点中,24 个县选择了静态管理模式,只有少数试点县选择了动态管理。在静态管理模式中,改革基准日之后的新人只能通过户内流转、继承、赠与等方式继受取得股权继而成为合作社的社员,无法基于事实的发生抑或法律关系的形成而直接取得合作社社员资格。选择动态管理的试点县,新人取得社员资格的路径也不尽相同,四川省成都市温江区和江苏省苏州市并未对新人附加任何额外条件,间隔 1 年或固定年份即可将新人增补为社员;浙江省湖州市德清县武康街道丰桥社区合作社则要求新人除了符合条件之外还需额外缴纳 2 万元方可享有社员资格。但不论是采取动态管理模式的农村股份经济合作社,还是采用动态模式的农村股份经济合作社,都极少规定农村股份经济合作社社员资格的丧失问题。

二、法理分析

大多数研究都将农村股份经济合作社并入农村集体经济组织一起研究,但是在社员资格丧失这一问题上,二者截然不同。农村集体产权制度改革之前,农村集体经济组织(没有建立农村集体经济组织的农村集体)的成员是动态的、是不断变化的,可以简单而不周延地表达为基于出生而取得,基于死亡而丧失;基于迁入而取得,基于迁出而丧失。但是农村集体产权制度改革确股到人之后,情况发生了很大的变化:一方面,社员作为自然人,虽然附着其身的一切人身关系和财产关系都会伴随着死亡而结束,但是在"两不增、两不减"的静态模式中,该死亡的社员生前所持有的量化股份，却没有灭失，在大多数地区股份继承或者生前转赠的效力受到法律的保护。另一方面，虽然社员资格确认中，以户籍作为重要认定标准，但是农村集体产权制度改革确权之后，随着国家户籍政策的调整，户籍迁出却并不宜作为社员资格丧失的界定标准。[1]

农村股份经济合作社静态管理中"两不增、两不减"的静态模式，产生了几个制度逻辑冲突：①社员股权不因死亡而丧失，这与人口股股权的取得基础相矛盾。人口股的取得基础是农村集体经济组织人员资格，农村集体经济组织人员资格是一项身份权利。身份权利始于出生，终于死亡。社员死亡后，人口股股权继续存在缺乏权利来源基础。②社员股权不因迁出而丧失，这与股权资格取得规则中普遍认同的社会保障资源均衡性享有原则不符。如前所述，我们之所以采用户口作为外在指标，主要原因在于户口能够反映社会保障享有情况。改革基准点之前，取得其他社会保障的人员，不再认定其具有农村股份经济合作社社员资格；但在改革基准点之后，取得农村股份经济合作社社员资格的人，却可以获得其他社会保障，这显然与国家社会保障资源的均衡性享有原则相悖。③户内流转的方式，新生人口和新迁入人口并不必然能够继承或者获赠股份，即其并不必然能够成为农村股份经济合作社的社员。这与农村股份经济合作社的集体性也是矛盾的。新人将因不能获得股份而失去农村集体所提供的基本社会保障。

农村股份经济合作社静态管理中"两不增、两不减"的模

---

[1] 参见国务院印发的《关于进一步推进户籍制度改革的意见》："进城落户农民是否有偿退出'三权'，应根据党的十八届三中全会精神，在尊重农民意愿前提下开展试点。现阶段，不得以退出土地承包经营管理权、宅基地使用权、集体收益分配权作为农民进城落户的条件。"

式,是改革初期的过渡模式。必然会过渡到更加公平合理的动态管理模式中去。然而,动态模式并非将股份增减简单地改为"死减生增,出减入增",而应与股份的类别相关。如前所述,成员股分为人口股、年龄股、资本股、土地股等。人口股与后三类股份在性质上具有差异性,产生基础不一样。人口股,是基于集体成员身份而取得;年龄股,资本股和土地股则是基于劳动贡献或资本贡献而取得。人口股更多地体现出人身属性,其他股更多地体现财产属性。具有人身属性的人口股,随着农村集体成员身份的灭失而灭失,其他财产类股份则不发生灭失。

国家政策鼓励农村股份经济合作社股权的合理流动。[1]农民可以向农村股份经济合作社内其他社员转让股份,但笔者认为,其仅可以转让财产股,不可以转让人口股,原因有二:一方面是因为人口股与社员身份相关,具有身份性,不能转让;另一方面,国家以人口股的方式实现全部农村人口的最终社会保障,如果转让出人口股,出让农民社员将丧失最终保障。在农村集体产权制度改革中,做好农民的社会保障具有重要意义。70年代著名的"拉美陷阱"就是没有处理好失地农民的社会保障问题所致。

三、规则构建

国家应该在条件允许时构建动态社员管理制度。

社员死亡时,其社员资格灭失,人口股灭失,其他资产股

---

[1] 党的十八届三中全会《中共中央关于全面深化改革若干重大问题的决定》指出要赋予农民更多财产权利。保障农民集体经济组织成员权利,积极发展农民股份合作,赋予农民对集体资产股份占有、收益、有偿退出及抵押、担保、继承权。保障农户宅基地用益物权,改革完善农村宅基地制度,选择若干试点,慎重稳妥推进农民住房财产权抵押、担保、转让,探索农民增加财产性收入渠道。建立农村产权流转交易市场,推动农村产权流转交易公开、公正、规范运行。

发生社内继承。若在社内没有继承人时,可以由农村股份经济合作社回购股份。

社员获得其他社会保障时(包括获得其他农村股份经济合作社社员资格),其在本农村股份经济合作社的社员资格灭失,人口股灭失。资产股对社员资格亦具有依附性,当社员资格丧失时,应当在社内转让资产股,转让不成,由农村股份经济合作社回购。

社员可以向具有同一农村股份经济合作社社员资格的其他人转让其资产股,而不能转让其人口股。社员身份不因财产股的转移而发生变化。

第四节 社员的权利

明确农村股份经济合作社社员权利是保护农民集体经济组织成员权利的前提,明晰农村股份经济合作社社员权利,有利于落实社员参与农村股份经济合作社建设的权利,实现社员对农村股份经济合作社运营的监管和重大事项的决策。国家不断强调农村集体产权制度改革中保护集体经济组织成员权利的重要性。[1]但是"我国成员权制度在私法权利体系中未得到应有的重视,对成员权类型的研究多集中在公司股东权之上,对农村广泛存在的农民集体及其成员权缺乏细致深入地研究"。[2] 2017年颁布的《民法总则》明确了农村集体经济组织作为特别

---

[1] 党的十八届三中全会《中共中央关于全面深化改革若干重大问题的决定》首次提出"保障农民集体经济组织成员权利"。2015年中共中央办公厅、国务院办公厅印发了《深化农村改革综合性实施方案》,强调必须以"保护农民集体经济组织成员权利为核心",建立健全我国的农村集体产权制度。

[2] 臧之页、孙永军:"农村集体经济组织成员权的构建:基于'股东权'视角分析",载《南京农业大学学报(社会科学版)》2018年第3期,第68页。

法人的资格,这为我们研究农村集体经济组织成员权提供了新的启发,但因为其没有对集体经济组织内部成员具体权利的性质、内容及救济保障作出规定,故为我们深入研究这些问题提供了空间。在现代企业治理框架下,农村股份经济合作社社员权利与公司股东权利设置所追求的目标具有一致性,权利配置具有共通性。故本书借助公司股东权益研究的成果,着手设计农村股份经济合作社社员的权利。

一、知情权

"知情权是指对与成员自身利益和集体共同利益相关的一切重要事项的及时、全面、真实准确了解的权利,主要包括对集体内部事务和状况的知悉、建议、监督和质询。"[1]

知情权重点体现为社员查阅农村股份经济合作社档案的权利。档案是社员获得信息的一种最直接便利的信息来源。社员通过查阅档案获得信息时,就体现了档案的价值——人们通过档案认识世界,从而对社会实践活动产生作用,并进而改造世界。我国《公司法》赋予了股东查阅合作社章程、股东会会议记录、董事会会议决议、监事会会议决议、股东名册、合作社债权存根、财务会计报告等材料的权利。[2]农村股份经济合作社社员亦应具备这些权利。

---

[1] 高达:"农村集体经济组织成员权研究",西南政法大学2014年博士学位论文,第144页。

[2] 参见《公司法》第34条规定:"股东按照实缴的出资比例分取红利;公司新增资本时,股东有权优先按照实缴的出资比例认缴出资。但是,全体股东约定不按照出资比例分取红利或者不按照出资比例优先认缴出资的除外。"第97条规定:"股东有权查阅公司章程、股东名册、公司债券存根、股东大会会议记录、董事会会议决议、监事会会议决议、财务会计报告,对公司的经营提出建议或者质询。"第98条规定:"股份有限公司股东大会由全体股东组成。股东大会是公司的权力机构,依照本法行使职权。"

知情权在查阅权之外，还体现为质询权。质询权是社员对农村股份经济合作社经营决策和执行中的事项向经营管理机构提出质疑和询问的权利。"质询权在性质上属公益股东权、单独股东权、法定股东权，即不问股东的持股份数额多寡，仅持有一股的股东即可单独行使的法定权利。"[1]《公司法》第97条和第150条对质询权作出了明确规定，就质询权的行使主体、义务主体、质询权的客体作出了规定，但是其对质询的场所、质询的方式没有作出具有可操作性的具体规定。

在所有权与控制权相分离的现代企业中，绝大多数所有者不直接参与企业的经营事务。在公司法领域，知情权行使范围的扩展与知情权行使目的的合理性限缩等问题仍然是股东权利研究的关注重点，很多具体问题仍然具有很大的研究空间，但是知情权的重要意义不容置疑。具体到农村股份经济合作社来说，社员持股分散，社员人数众多，农村股份经济合作社所有者与经营管理者之间的代理成本突出，经营管理者极容易利用信息优势和资源优位损害农村股份经济合作社和社员权益，在此，知情权就显得格外重要。农村股份经济合作社社员要实现对管理层的监管和重大事项的决策，必须获得合作社真实、准确、完整的运营信息。

二、选举权和被选举权

选举权和被选举权是农村股份经济合作社社员参与农村股份经济合作社管理的基本权利之一。农村股份经济合作社社员并不能完全参与农村股份经济合作社所有事务的决策和实施，也存在社员自身的能力不足以管理农村股份经济合作社事务的

---

[1] 李建伟："论上市公司股东的质询权及其行使"，载《证券市场导报》2006年第3期，第25页。

情形，因此，选举是他们行使自己管理权的方式。

我国《农民专业合作社法》和《公司法》并未对选举权和被选举权予以详细地规定，我们可以借鉴国外农村组织的相关规定就农村股份经济合作社社员的选举权和被选举权予以规定。有的国家就年龄作出要求，如《澳大利亚新南威尔士州农村股份经济合作社法》第65条第2款规定："不满18岁的农村股份经济合作社社员不能担任农村股份经济合作社的任何职务。"有的国家就特定职位当选者的资质作出了特别要求，如《瑞士债法典》要求董事会的多数成员应当为居住在瑞士的瑞士公民，其中至少有一人应当被赋予代表农村股份经济合作社的权利等。

三、提案权

提请议案在社员大会是非常重要的环节，它决定了社员大会要讨论通过的决议的内容，只有提请到社员大会上的事项才能最终被社员大会投票表决，形成决议。这些事关农村股份经济合作社发展的重要事项能否进入社员大会的议事程序对社员的利益保护和社员权的实现至关重要。

我国《农民专业合作社法》并未就社员的提案权作出规定。《公司法》第102条就股东的提案权作出了规定，这一规定是一项团体权利，不能由股东个人行使，需要由一定数量的股东集体行使。《公司法》将这一数量设定为3%，可以为农村股份经济合作社的相关立法提供借鉴。

四、表决权

农村股份经济合作社社员对于农村股份经济合作社的事务享有决策权，而决策权的具体表现形式即表决权。社员可以通过社员大会表达自己对于农村股份经济合作社事务的看法，并与其他社员进行充分讨论后,通过表决权表达诉求。

农村股份经济合作社既不同于公司也不同于农民专业合作社,对于采用"一人一票"的表决方式,还是采用一股一票的表决方式,素有争议,也有学者认为可以以"一人一票"为基础,以一股一票为补充。本书将在下文专节分析农村股份经济合作社的表决权行使。

五、受益权

农村股份经济合作社的目的在于保障农民权益,提高农民收入。农民基于社员的身份享有受益权。公司股东的受益权体现为股利分配请求权、剩余财产分配请求权和发行新股的优先权。农村股份经济合作社在目前的政策支持下,不会解散和破产,也不宜吸收外部资金形成外部资本股,因此,农村股份经济合作社社员的受益权在现阶段仅仅体现为股利分配请求权。

股利分配请求权,是指农村股份经济合作社社员基于其社员地位和资格所享有的请求农村股份经济合作社向自己分配股利的权利。社员股利分配请求权的基础应当是农村股份经济合作社的营利,如果没有营利,则不能分配。所以,农村股份经济合作社只有在营利的情况下才有可能发生股利的分配。此外,在农村股份经济合作社的制度构建中,营利须先弥补亏损,再进行分配。农村股份经济合作社的营利须先保证农村股份经济合作社自身的正常运营,在此情况下再探讨社员的利润分配。

六、退社权

自愿和开放的成员资格是现代私法团体的应有之义。但是农村股份经济合作社不同于一般的私法团体,集体性和社会保障性是它的突出特性,作为集体经济的载体,肩负农村农民的社会保障职能。农村股份经济合作社的社员资格具有特定性，仅向具有特定历史身份并且具有现实社会保障需要的人开放，并不具有完全的开放性。农村股份经济合作社的社员资格是否具有自愿性，即农村股份经济合作社社员是否享有自主退社权，本书将在此展开论述。

农民是否可以自主放弃农村股份经济合作社社员资格在实践中存在争议，有的合作社认为农民可以以书面形式放弃社员资格。[1]一般情况下，集体会对自愿放弃社员资格的农民予以一定补助。有的合作社认为农民不可以自由放弃社员资格。如果每一个农民都选择放弃社员资格以获取一定的现实补助，那么便会出现把集体经济改弱、改小、改垮的情形。农村集体经济会变成一部分人的农村集体经济。另一方面，农村股份经济合作社作为经营性法人，从利于长期发展的角度来看，亦应受到"资本确定、资本维持、资本不变"三原则的限制。此外，农村股份经济合作社肩负着农村农民社会保障的重任，如果允许农民通过转让股份的情况予以退社，必将造成大量的农民失去社会保障。国家鼓励构建体制机制促进农民集体经济股权的流转，但是这种流转不能伤害到农村股份经济合作社的集体性和农民的基本社会保障权益。

各国《公司法》普遍为封闭型公司构建有"异议股东回购权"，对于公司决议持异议的股东，可以要求公司回购自己的股份。"异议股东回购权"是保证中小股东权益不受大股东侵害的最终防线。但是"异议股东回购权"并不适用于农村股份经济

---

[1] 参见湖南省长沙市《雨花区集体经济组织成员资格界定》中规定的，农民可以"以书面形式自愿放弃成员资格"，载长沙市雨花区人民政府网站：http://www.yuhua.gov.cn/zwgk97/xxgkml/384213/384022/384133/384135/201711/t20171102_7672754.html，最后访问时间：2020年7月15日。

合作社，主要原因也是这一制度与农村股份经济合作社的集体性有悖，少数服从多数的民主表决方式的确存在很多弊端，但是其积极意义不容忽视，不能因为集体性具有这样那样的不完善，就对集体经济作出彻底的否定。各国《公司法》亦普遍为封闭型公司股东转让股权提供了充足的制度供给，但是农村股份经济合作社与封闭型公司并不一致。一是集体经济的集体性决定了农村股份经济合作社社员不能向集体外人员转让股权，二是肩负社会保障性质的人口股的取得和丧失并不基于个人意思自治，如果没有其他替代社会保障，则必须获得人口股，如果获得其他替代社会保障，则必须丧失人口股。不存在社员自由处分的情况。至于资产股的转让，则与退社并无关联。

七、救济权

农村股份经济合作社社员权利受到侵犯时，农村股份经济合作社内部主体以及司法系统应当为权利人提供救济。

(一) 农村股份经济合作社内生救济

农村股份经济合作社内生救济，是指个体农村股份经济合作社社员受到侵犯时，由农村股份经济合作社内部特定主体为权利人提供救济。一般而言，包括农村股份经济合作社社员大会救济和监督机构救济。

1. 农村股份经济合作社社员大会救济

农村股份经济合作社社员大会是农村股份经济合作社的最高权力机构，有权决定农村股份经济合作社内部的所有事务，也包括为农村股份经济合作社股权提供保护。农村股份经济合作社可以在章程中具体约定社员大会保护社员股权的方式，社员也可以直接通过社员大会获得救济。然而，如前所述，社员大会并非农村股份经济合作社的常设机构，社员的权利无法及时得到救济。另外,社员大会是农村股份经济合作社的最高权力机构,因而只有涉及社员自身重大利益的事件才可以得到社员大会的救济。从实践来看,一般只有两种情况社员大会会提供救济:一是因社员身份的取得和丧失请求救济,社员大会需慎重对待社员被剥夺所有权利的情形;二是监事会不能提供充分保护时,社员可以向社员大会寻求救济。

2. 监管机构救济

农村股份经济合作社监管机构的主要职能就是对农村股份经济合作社的事务进行监督,如果社员权利因为其他社员或者管理人员的原因被侵犯,监管机构可以提供救济。监管机构可以按照农村股份经济合作社自定的方式提供救济,如根据章程、协议等规定提供救济。监管机构也可以根据法律提供救济,如为了防止损害发生或者继续,临时解除管理人员的职务。针对管理人员以消极不作为(如不召集农村股份经济合作社社员大会)的方式侵犯社员权利的行为,有的国家立法规定监管机构可以召集股东大会,有的国家立法赋予监管机构以解除管理人员职务的权利。农村股份经济合作社也可以通过章程或者协议约定监管机构保护社员权利的方式。

(二)司法救济

农村股份经济合作社社员权利受到侵犯时,社员有权寻求司法救济。就我国目前司法实践而言,涉及农村股份经济合作社社员权的纠纷通常属于我国法院的案件受理范围。但是由于当前农村股份经济合作社立法缺失,并没有法律对农村股份经济合作社社员权的司法保护作出具体规定,这导致农村股份经济合作社社员无法从实体法中找到司法保护的依据,社员权利受到侵害时难以得到充分救济。

笔者就农村股份经济合作社社员资格确认纠纷,展开大数据分析。在无讼案例数据库检索到相关裁判共 1698 份,涉及 29 个省份,仅河北、湖北、广西、海南、重庆、四川、陕西、甘肃、天津、安徽、山西、内蒙古、福建、山东、湖南 15 个省份作出判决,其他 14 省法院均认为"该类案件系村民自治范畴,不属于人民法院民事诉讼的受案范围"。缺少司法救济,一方面不利于帮助农民维护自身权益,另一方面也容易使得社会矛盾激化,影响农村基层的长治久安。构建社员权利的司法救济机制,确有必要。

法律还应当赋予农村股份经济合作社社员代表诉讼的权利。农村股份经济合作社社员代表诉讼,是指为了维护农村股份经济合作社的利益,在农村股份经济合作社怠于提起诉讼或者加入诉讼的情况下,由社员等特定主体代位农村股份经济合作社提起诉讼或者加入诉讼。在农村股份经济合作社内部,管理者出于追求自身利益最大化的考虑,往往会侵害农村股份经济合作社的利益。有关调查结果显示,我国农村股份经济合作社内部普遍存在着少数人控制的现象,加之现行法律制度的诸多漏洞,农村股份经济合作社利益遭受侵害的情形屡见不鲜。因此,对诉权进行完善具有必要性,当农村股份经济合作社的利益受到侵害而农村股份经济合作社怠于或拒绝起诉时,社员可以为农村股份经济合作社的利益提起诉讼。参照其他国家立法以及我国《公司法》的规定,代位诉讼一般需要满足以下条件:①农村股份经济合作社不提起或加入诉讼;②代位诉讼符合农村股份经济合作社的利益;③以农村股份经济合作社的名义进行;④法院认为申请具有诚意。

第四章 农村股份经济合作社的权力机构
——社员大会

第一节 权力机构的组织形式

一、实证考察

(一) 实践探索——社员大会和社员代表大会

农村股份经济合作社权力机构在实践中有社员大会和社员代表大会两种组织形式,中共中央、国务院《关于稳步推进农村集体产权制度改革的意见》并未就农村股份经济合作社的权力机构作出建议,但从其"清产核资结果要向全体农村集体经济组织成员公示,并经社员大会或者代表大会确认"[1]的表述中可以看出,中共中央、国务院认为社员大会和社员代表大会都是实践中可以采用的权力机构模式。各省农村集体产权制度改革试点方案,大多做了类似表述,《山东省农村集体产权制度改革试点方案》[2]更是明确写道:"设立股东(代表)大会、理

---

[1] "中共中央国务院关于稳步推进农村集体产权制度改革的意见",载《人民日报》2016年12月30日。
[2] 参见《山东省农村集体产权制度改革试点方案》,载http://www.shandong.gov.cn/art/2018/9/14/art_ 2267_ 28569.html. 最后访问时间:2020年7月15日。

事会（董事会）和监事会。"实践中，除了湖北省，[1]大多数省份普遍采用在同一农村股份经济合作社内，社员大会和社员代表大会并立的模式。

社员大会和社员代表大会并立的模式在各地可以进一步分为三种情形，具体如下：

1. 社员代表大会全权代位行使社员大会的职能

江苏省宿迁市《宿豫区村股份经济合作社组建工作实施方案》要求，将推选社员代表作为组建农村股份经济合作社的必要步骤，并且明确提出农村股份经济合作社章程由社员代表大会表决，而非社员大会表决。

虽然宿豫区大兴镇人民政府制作的《宿豫区村股份经济合作社章程（试行）》规定社员大会为村股份经济合作社的最高权力机构，却也同时规定"社员代表大会行使社员大会所有职权"。[2]虽然章程中显示有社员大会字样，但是社员大会的职权内容和行使完全被社员代表大会代替。且该章程在组织机构部分的第1条开篇明义作出了"本社设社员代表大会、理事会、监事会等机构"的规定。

---

〔1〕 只有湖北省是例外。《湖北省农村集体经济组织管理办法》规定村小组经济合作社设立社员大会，村联合社设立社员代表大会。但在同一合作社内，不同时存在两种形式。

〔2〕 参见《宿豫区村股份经济合作社组建工作实施方案》和《宿豫区村股份经济合作社组建工作实施方案》，"第二十条本社设社员代表大会、理事会、监事会等机构。第二十一条社员大会是本社的最高权力机构。社员代表大会依照《宿豫区村股份经济合作社组织暂行办法》和本章程规定行使社员大会全部职权。社员代表大会由本社十八周岁以上的社员代表组成：（一）本社设社员代表×名。（二）具体名额按成员户数比例分配到各村民小组，以村民小组为单位在十八周岁以上有选举权的成员中推选产生。（三）社员代表每届任期三年，可连选连任。"载宿迁市宿豫区人民政府网站：http://www.suyu.gov.cn/syqxdz/zcwj/201812/61e40737838c4fff9cb-fb955356f1bf9.shtml. 最后访问时间：2020年7月15日。

江苏省扬州市亦采用相同的权力机构组织形式,相较于宿迁市社员代表大会设置的高度任意性,《扬州市村(社区)经济合作社(股份经济合作社)示范章程(试行)》要求社员代表大会人数不低于 50 人。

2. 社员大会和社员代表大会职权内容划分和行使程序区分模糊

《上海市农村集体资产监督管理条例》第 15 条规定:"社员大会是经济合作社的权力机构,成员较多的经济合作社,可以设立由成员户代表或者社员代表参加的社员代表会议,按照章程规定履行社员大会授予的职责。"上海市浦东新区农业委员会根据这一条件制作了《上海市浦东新区村经济合作社示范章程》,该章程第 11 条到 14 条就社员大会的法律地位、社员大会的职权、社员代表大会的产生、社员代表大会的职权作出了示范规定。[1] 该示范章程规定,社员大会、理事会和监事会是农村股份经济合作社的组织机构,社员大会是权力机构。社员大会享有"制定和修改章程"等 7 项具体权力以及法律、法规和

---

[1] 参见《上海市浦东新区村经济合作社示范章程》,"第十一条 本社设立社员大会、理事会、监事会等组织机构"。"第十二条 社员大会是经济合作社的权力机构,可以就下列事项作出决定:(一)制定和修改章程;(二)选举和罢免理事会、监事会成员;(三)审议理事会、监事会工作报告;(四)合并、分立以及因其他事由解散的实施方案;(五)农村集体资产发展规划、经营方式、重要规章制度、重大投资项目;(六)年度财务收支预算、决算和收益分配方案;(七)成员的增减;(八)法律、法规和章程规定的其他事项。本社经户代表会议决定,社员大会以上某某事项授权社员代表会议。""第十三条 社员代表由社员大会(户代表会议)选举产生,社员代表会议由×名社员代表组成(经济合作社不低于 35 人,经济联合社不低于 40 人)。社员代表每届任期×年(经济合作社 3 年,与村民委员会同届),可连选连任。""第十四条 社员代表会议行使下列职权(一)××;(二)××;(三)××;……(八)法律、法规和章程规定的其他事项。"载上海市浦东区人民政府网站:http://www.Pudong.gov.cn/shpd/InfoOpen/InfoDetail.aspx? Id = 924026,最后访问时间:2020 年 7 月 15 日。

章程赋予的其他职权。经过户代表会议决定，可以将社员大会职权授予社员代表大会，各村股份经济合作社可以自由决定社员代表大会职权范围。

《上海市浦东新区村经济合作社示范章程》未有条文予以明确社员代表大会是必设机构还是任选机构，从文义解释角度，我们无法获得答案。该章程对社员大会和社员代表大会的职权行使做了无差别化规定，该章程第 15 条规定"社员大会或者社员代表会议每年至少召开一次"。此外，该章程虽然作出了社员代表大会职权基于社员大会授权而来的判断，但未明确社员代表大会职权事项是否排除社员大会的干预。

3. 社员大会地位高于社员代表大会，职权内容划分明确

福建省福州市《罗源县村级股份经济合作社示范章程》明确将社员大会定义为最高权力机构，将社员代表大会定义为议事和决策机构。罗源县示范章程将"制定和修改章程"和"选举、补选、罢免理事会成员和监事会成员"两项权力限定为社员大会独有，并且明确规定社员大会可以撤销或者改变社员代表会议的决议。[1]

（二）地方立法考察

目前，仅有浙江、湖北、广州三省出台了农村集体经济组织抑或农村股份经济合作社的系统性管理规定。《浙江省村经济合作社组织条例》于 1992 年 7 月 25 日通过、2007 年 9 月 28 日修订，其第 13 条规定"社员大会是村经济合作社的权力机构"，第 14 条规定"村经济合作社可以设社员代表大会。社员代表大会经社员大会授权行使职权"。《浙江省村经济合作社组织条例》

---

〔1〕 参见《罗源县村级股份经济合作社示范章程》，载福州市罗源县人民政府网站：http://www.Luoyuan.gov.cn/xjwz/zwgk/zfxxgkzl/xrmzf/rmzf/gkml/xzfggzhgfxwj/201907/t20190701_2929480.html，最后访问时间：2020 年 7 月 15 日。

第四章　农村股份经济合作社的权力机构

并未规定社员大会和社员代表大会职权内容划分和职权效力等级区分，一定程度上，我们可以作出社员代表大会全权行使社员大会职权的推断。《湖北省农村集体经济组织管理办法》于1996年10月30日通过并施行。湖北省的做法与大多数省份的实践并不一致，其按照乡镇、村、小组所形成的股份经济合作社的规模不同，而做了社员大会和社员代表大会的区分。规定规模较小的经济合作社（村小组）仅仅设立社员大会，规模较大的经济联合社（村）、经济联合总社（乡镇）设立社员代表大会。[1]《广东省农村集体经济组织管理规定》于2013年5月31日通过并施行。其对社员大会和社员代表大会的职权作出了明确划分，规定涉及社员切身利益的重大事项必须由社员大会讨论，且社员大会具有重新表决社员代表大会通过事项的权力。[2]

目前，有关农村股份经济合作社组织机构设置的地方立法较少。还未形成普遍经验。并且这三部地方性法规形成时间距今较远，对现今农村股份经济合作社组织机构立法构建缺乏有针对性的借鉴意义。

（三）现有权力机构模式的特点

1. 社员代表大会设立标准的自治性

大多数地区未就社员代表大会的设立标准予以明确。仅杭州市、东莞市等少数地区对社员代表大会的设立标准作出了规

---

[1]《湖北省农村集体经济组织管理办法》第18条规定："经济合作社的权力机构是社员大会，由全体社员组成。社员大会每年至少召开一次；有五分之一以上社员提议，应当召开临时社员大会。经济联合社、经济联合总社的权力机构是社员代表大会……"

[2]《广东省农村集体经济组织管理规定》第9条规定，农村集体经济组织的最高权力机构是社员大会。凡涉及成员切身利益的重大事项，必须提交社员大会讨论决定。农村集体经济组织对具体事项的表决，可以通过召开社员代表会议的形式进行。社员代表会议表决通过的事项应当公示5天。1/10以上有选举权的成员提出异议的，应当提交社员大会重新表决。

定。如《杭州市村级股份经济合作社示范章程（试行）》规定，"股东代表名额按不少于年满16周岁以上股东总数的3%到5%确定，但最少不得少于20人"。《东莞市农村（社区）集体资产管理实施办法》的规定把社员基数和代表比例相挂钩，随着社员基数的上升，不断调高代表比例，更加明确地凸显了社员代表大会总人数控制的思路。[1]总的来说社员代表大会设立标准应当包括以下三方面的内容：设立社员代表大会的社员基数起点，社员与社员代表的比例，社员代表的最低人数。

2. 社员代表大会法律地位尚无统一标准

在设立有社员代表大会的农村股份经济合作社中，组织机构包含社员大会、社员代表大会、董事会和监事会。社员大会是权力机构、董事会是经营管理机构、监事会是监督机构。社员代表大会是权力机构，还是经营管理机构，法律定位不明。有的认为社员代表大会是权力机构，职权等同于社员大会，如江苏省扬州市、宿迁市等地区。有的认为社员代表大会是权力机构，职权受限于社员大会。有的认为社员代表大会是议事机构和决策机构，如福建省福州市等地区。从各地区赋予社员代表大会的职权来看，要么是将社员代表大会完全等同于社员大会，要么是将农村股份经济合作社的权力划分为三份，最根本性权力归于社员大会、与日常经营相关的重大事项归于社员代表大会，将与日常经营相关的一般事项归于董事会。社员代表大会的职权缺少明确地界定，导致社员代表大会在社员大会与

---

〔1〕参见《东莞市农村（社区）集体资产管理实施办法》第9条规定："股东代表会议代表由股东推选产生。经联社股东人数在500人以下的，股东代表应占5%左右，不得少于20人；股东人数500-1500人的，股东代表应占4%左右，不得少于30人；股东人数1500人以上的，股东代表应占3%左右，不得少于50人，可按比例由各经济社股东推选产生……"载东莞市人民政府网站：http://www.dg.gov.cn/wnd/zwgk/zcfgjgfxwj/content/post_1821759.html，最后访问时间：2020年7月20日。

董事会之间难以寻找到适宜的法律地位。

3. 社员大会功能虚化

不论是社员代表大会全权代表社员大会的模式下，还是在社员大会、社员代表大会、董事会权力三分模式下，社员大会被虚置的情况都非常明显。广东省《农村集体经济组织管理规定》要求涉及社员切身利益的重大事项必须由社员大会讨论，但是哪些事属涉及社员切身利益的重大事项尚未作明确界定。罗源县示范章程将"制定和修改章程"和"选举、补选、罢免理事会成员和监事会成员"两项权力限定为社员大会独有，但社员大会保留的这两项权力远不足以保护和实现社员的权益。

社员大会是社员实现权益的重要路径，是社员知情权、质询权、选举权、被选举权、提案权、表决权行使的重要路径。虚置社员大会，由人数较少的社员代表大会就农村股份经济合作社的重要事项作出决议，将可能导致农村股份经济合作社集体资产被少数人控制。

二、法理分析

(一) 社员代表大会制度的优越性

社员代表大会（包括股东代表大会、成员代表大会），这一术语作为企业组织机构意义使用，在我国正式法律文本中，除了农村股份经济合作社，仅用于三个方面：其一是作为股份制企业的权力机构；[1]其二是作为股份合作制企业的权力机构；[2]其

---

[1] 参见《行政复议法实施条例》第7条规定："股份制企业的股东大会、股东代表大会、董事会认为行政机关作出的具体行政行为侵犯企业合法权益的，可以企业的名义申请行政复议。"我们没有单行的股份企业法，也没有其他相关法律文件就股份企业的组织机构作出规定。

[2] 参见《南宁市乡镇股份合作制企业试行办法》第8条规定："股份合作制企业实行股东（代表）大会制度，股东（代表）大会是企业最高权力机构……"

三是作为农民专业合作社的权力机构。[1]股份制企业和股份合作制企业是20世纪80、90年代我国进行现代企业制度探索的实践产物。1993年3月8日《国务院批转国家体改委关于一九九三年经济体制改革要点的通知》中规定:"有计划地把一批国有企业改组为股份制企业""有计划地推进城镇集体企业和乡镇企业实行股份合作制。国有小型企业可以进行股份合作制的试点。"股份制企业和股份合作制企业普遍存在广泛的职工持股情况,股东人数极多。股份制企业、股份合作制企业采用股东代表大会制度取代股东大会制度的关键因素在于股东人数过多,股东大会决策成本高昂,且不易形成有效决议。股东人数过多也是农民专业合作社使用社员代表大会制度的原因。如《农民专业合作社法》第32条第1款规定,"农民专业合作社成员超过一百五十人的,可以按照章程规定设立社员代表大会"。

  农村股份经济合作社与以上三种企业在组织形式上并无相似之处,但都具有社员人数众多的特点。社员人数众多,使得社员大会这一制度形式不得不面临高昂决策成本的考验。农村股份经济合作社社员人数成千上万,会议上的协商民主极难有效开展。在规模较大的会议中,发言者总是少数,多数的人们总是习惯于沉默。大多数社员实质上是对决策的选择而不是参与决策。并且社员之间的利益冲突也会使会议决策不易形成,利益差别也难以在有限的会议时间内有效协调,有些社员有可能延缓议程,进行刁难,而不是采取合作的默契态度,并且最终会使决策成本上升到无法承受的地步。除了社员人数众多,社员居住分散是农村集体经济组织社员大会决策成本高昂的另

---

[1]　参见《农民专业合作社法》第32条第1款规定,"农民专业合作社成员超过一百五十人的,可以按照章程规定设立社员代表大会。成员代表大会按照章程规定可以行使社员大会的部分或者全部职权。"

一原因。许多农村股份经济合作社社员所在村落村民居住分散，社员赴会成本较高。随着进城务工人员的增加，社员大会的召开愈来愈难，由于地域限制也愈难召开。

虽然社员大会是所有社员都能够亲身参与企业决策的平台，能够最直接地反映社员集体的真实意思，但因其人数众多，运行成本极高，这一制度形式在实际操作中具有很大困难。而在社员代表大会制度中，成员根据法律和章程的规定公开选举产生代表，再由这些代表代表社员对重大事项进行决策，而一般社员不用再花费时间和精力去亲自参与重大事项的决策，极大地节省了社员大会制度下的决策成本，包括时间成本和经济成本。从决策成本角度考量，社员代表大会制度具有一定的优越性和合理性。

(二) 社员代表大会制度的缺陷

社员大会授权委托社员代表大会代为行使权力，必然会在代理人和被代理人之间产生代理成本。社员代表大会制度形式是由社员选举产生的代表进行表决，致使社员与决议之间的联系受到阻碍，一定程度上甚至会出现对社员意志的片面反映和扭曲。并且用社员代表大会替代社员大会将限制社员的参与权，减少一般社员对农村股份经济合作社公共事务参与的机会。

在实际运作中，选出来的社员代表有时并不是社员意志的传声筒，一经选出，社员代表们便可以依据自己的主观判断对农村股份经济合作社的重大事项进行表决。社员代表大会有可能成为村内精英人物的"碰头会"，未必真能代表一般社员的利益。社员代表人数较少，极其容易被董事会、经理等实际管理者所收买，为了获得自身利益最大化，而违背所代表社员的利益。为了能够保障社员代表为社员利益而行为，需要构建一整套监督制衡机制来对社员代表及社员代表大会进行监督和防范，以免"仆人"恣意使用权力而异化成为"主人"。我国目前大多数农村股份经济合作社的实践中并未就社员代表大会的权力行使设置监督机制，仅有部分省份，如《广东省农村集体经济组织管理规定》规定，社员代表大会决议应当予以公示，公示期内有 1/10 以上成员不满，可以提议召开社员大会，社员大会可以撤销或者改变社员代表会议的决议。然而广东省"1/10"不满的人数设置极其容易达到，就同一事项重复召开社员代表大会和社员大会，能够消除代理成本带来的意志背离，但无疑又极大地增加了决策成本。

即使选举出来的社员代表主观具有充分代表社员的意愿，并在表决前充分征询了被代表社员的意见，社员代表大会的表决结果依然可能与社员大会的表决结果不一致。在此我们可以举例说明这种表决结果的背离。一个农村股份经济合作社之中，有 3 个社员代表，每个代表代表 10 名社员。张三所代表的 10 名社员中，赞同与反对比为 6∶4，张三选择尊重多数人的意见，投赞同票；李四所代表的 10 名社员中，赞同与反对比为 6∶4，李四选择尊重多数人的意见，投赞同票；王五所代表的 10 名社员中，赞同与反对比为 2∶8，王五选择尊重多数人的意见，投反对票。社员大会和社员代表大会都按照人头多数决的方式产生决议，社员代表大会将会以赞同与反对票 2∶1 的结果赞同决议；社员大会会以赞同与反对票 14∶16 的结果反对决议。同一社员代表所代表的社员之间具有较大的共性，而不同社员群体之间的确存在利益诉求的差异，不论以何方式划分代表组，都存在社员代表会议表决结果背离大多数社员意志的可能。这种背离具有隐蔽性，却着实为农村股份经济合作社的长期发展埋下了隐患。

（三）社员代表大会制度的路径依赖与实践检验

农村股份经济合作社社员代表大会制度的产生，亦有路径依赖的惯性因素存在。"社员大会——社员代表大会"制度形式与"村民大会——村民代表大会"制度形式极其相似。我们可以通过分析"村民大会——村民代表大会制度形式"的运行情况,来预测"社员大会——社员代表大会"制度形式的实践效果。

村民代表大会制度在我国具有长期的实践探索,是村民自治制度的有机组成部分。自1998年《村民委员会组织法》确立村民代表会议法律地位以来,村民代表会议一定程度上推动了村民自治的发展。鉴于村民会议召开困难的实际情况,一些学者给予了村民代表会议制度以高度认可。"相对村民而言,村民代表一般素质较高或社会影响较大。在农民的政治文化素质普遍较低的背景下,村民代表会议在村民自治中的实际影响和作用大。"[1]"村民代表在村中具有较高的威望,并且相对素质较高,易具有荣誉感、成就感和责任感,村民代表会议的实际影响力与作用比村民会议大。"[2]"村民自治要走上正确的发展方向,重要的在于通过制度安排对权力进行再分配,赋予村民代表会议足够的权利并将这种权利制度化。"[3]然而,村民代表大会制度在运行过程中出现了两个问题:一是超越立法预设范围,违背立法精神,不当设置村民代表大会;二是村民代表大会流于形式甚至损害村民利益。这两个问题的存在,使得村民代表大会制度的科学性和合理性受到质疑。

一方面,实践探索超出了《村民委员会组织法》的法律预

---

[1] 熊娜:"国内村民代表会议制度研究综述",载《社会主义研究》2011年第1期,第127页。

[2] 董江爱:"村民代表会议的制度化:直接民主理念的实现",载《马克思主义与现实》2005年第1期,第106页。

[3] 陈晓莉:"村民代表会议制度的实际效能及其完善——基于对苏村的观察",载《华南农业大学学报(社会科学版)》2010年第2期,第5页。

设，越来越多的村采用了村民代表大会制度，而不仅限于《村民委员会组织法》所设定的人数较多或者居住分散的村。"在法律适用过程中，有些地方用村民代表会替代村民会议，不召开村民会议，或者由村民代表会决定村内一切重大事项，这种做法是与立法宗旨不相符的。"[1]第九届全国人大常委会第二十三次会议上，全国人大常委会执法检查组在《关于检查村委会组织法实施情况的报告》中也指出："有些地方以村民会议难召开为由，长期不开村民会议，法律规定须经村民会议决定的事项，未经授权就由村民代表会议作决定。"[2]该报告在执法过程中所存在的问题部分，明确就"在民主决策中存在用间接民主代替直接民主的倾向"提出批判，指出"有些地方的村民代表会不但行使村务的代议权和决策权，而且还行使人事罢免权，自觉不自觉地用间接民主代替了直接民主，违背了村委会组织法的立法宗旨。"[3]由上可知，在有条件实行村民会议的地方，应当实行村民会议，而非替代适用村民代表会议的制度形式。

另一方面，村民代表大会流于形式甚至损害村民利益。村民代表大会普遍存在的问题是村民代表参与村民代表会议的意愿不高、村民代表忽视村民意见、村民代表大会擅自处理涉及村民利益的重大事务、村干部控制村民代表会议等。这些现象

---

[1] 唐鸣："村民会议与直接民主"，载《华中师范大学学报（人文社会科学版）》2009年第6期，第23页。

[2] 参见《民政部关于转发全国人大内务司法委员会贯彻村民委员会组织法研讨会会议纪要的通知》（2001年1月5日），载全国人大网站：http://www.npc.gov.cn/wxzl/gongbao/2001-10/19/content_5276127.html. 最后访问时间：2020年7月20日。

[3] 参见《民政部关于转发全国人大内务司法委员会贯彻村民委员会组织法研讨会会议纪要的通知》（2001年1月5日），载全国人大网站：http://www.npc.gov.cn/wxzl/gongbao/2001-10/19/content_5276127.html，最后访问时间：2020年7月20日。

的存在，使得村民代表大会的运行有违其设立的初衷。从另一个角度来说，村民代表大会运行的代理成本极高，在缺乏有效监管制度和激励制度的情况下，极难实现预设功能。

从社员代表大会制度形式设置的考量要素分析以及"村民大会——村民代表大会"制度形式运行的经验来看，在决策成本可控的情况下，即有条件实行社员大会的情形下，农村股份经济合作社应当适用社员大会制度。在决策成本远高于代理成本之时，即确实不具有召集社员大会产生决议的可行性之时，方可采用社员代表大会制度予以替代。

三、制度构建——社员大会制度

相较于社员代表大会，社员大会更具有制度优势，更加契合民主、平等等现代企业制度的价值选择。由社员大会直接作出决议，不产生代理成本。实行社员大会制度能够吸引更多的社员参与到农村股份经济合作社的治理中来，有利于培养农民的民主能力，能够以经济民主的建设推进政治民主的进步。农村股份经济合作社应该选择社员大会的形式，在不能适用社员大会制度形式的地方才可采用社员代表大会作为补充。随着对社员大会职能的科学精简，以及互联网技术的发展，各农村股份经济合作社实行社员大会制度具有可行性。

（一）社员大会制度的优越性

1. 社员大会制度更加契合现代企业制度中的民主、平等价值观念

股份有限公司是现代企业制度的代表，现代企业制度随着股份有限公司制度的发展而发展。在股份有限公司诞生之初，并无股东大会制度。随着经济、社会各方面民主制度的确立，英国东印度公司在克伦威尔执政期间实行了股东大会制度。股

东大会制度产生之初便与民主制度结缘。1720年英国《泡沫法案》借用近代民主化的思想将公司组织制度定义为股东大会和董事会,为后世公司组织机构设置提供了初始范本。随着英国和以法国为代表的大陆法系国家的相互投资,法国18世纪末的民主化倾向也对公司股东大会制度的完善产生了巨大的影响,进一步引入平等原则等私法理念。

农村股份经济合作社采用社员大会模式是与现代企业权力机构所追求的民主、平等价值观念相契合的。农村股份经济合作社股权由社员所有,社员作为股权的所有者当然享有管理农村股份经济合作社事务的权利。农村股份经济合作社拥有多个社员,社员对农村股份经济合作社事务的管理实际上是一种共同事务的管理。民主是现代社会管理的重要规则,社员民主理念也应当在农村股份经济合作社领域中贯彻和应用。社员民主的根本追求应当是确保每一个社员均有权参与农村股份经济合作社事务的决策。社员民主首先体现为直接民主,只有在直接民主不可实现之时,才能引入间接民主的一些因素,以更好地发挥制度的优越性。

2. 社员大会制度不产生代理成本

社员大会制度是由社员直接就股份经济合作社的根本问题进行表决,不需要委任他人予以代理,不产生代理成本。一方面,社员大会决议能够真实地反应社员群体的团体意志。代表大多数社员意志的社员大会决议在贯彻执行中,更容易得到全体社员的接受和支持。另一方面,在只设立社员大会的情形下,农村股份经济合作社并不需要为了监督社员代表及社员代表大会的行为和决策而设计监督机制。再一方面,社员大会作为权力机构,与董事会之间以社员大会决议的形式进行直接沟通,信息传递成本较低。在存在社员代表大会的情形下,社员大会——社员代表大会——董事会之间,信息传递会随着传递环节的增加而不断递减,任何决策都是基于信息所作出的。信息损失过多,会增加团体的整体决策成本。

3. 社员大会制度形式能够为基层民主的发展提供实施平台

"用什么办法能使人们养成权利观念,并使这种观念能被人们所牢记。结果发现,只有让所有的人都和平地行使一定的权利。"[1]农村基层民主是我国社会主义民主法治建设和政治体制改革的一项重要内容,党和国家要在农村基层组织实行民主选举、民主决策、民主管理和民主监督。目前民主选举得到了较好地贯彻执行,但是民主决策、民主管理和民主监督的落实情况依然不尽如人意。农村股份经济合作社作为农村集体经济的载体,社员范围几乎与村民范围一致。在农村股份经济合作社的经济活动中,培育农民社员民主决策、民主管理和民主监督的能力有助于促进农村基层政治民主的推进。

(二)社员大会制度的普遍可行性

1. 社员大会职权的限缩为"社员大会"制度降低决策成本

农村股份经济合作社社员人数众多,通过集体决策的形式对农村股份经济合作社的所有事务进行管理,不具有现实可行性。古希腊公民大会这一直接民主决议形式饱受诟病的问题之一,就是公民大会的召开过于频繁,一年之中要召开30到40次会议,雅典公民疲于应对。相较于不从事具体生产劳动的雅典公民,农民社员具有更繁多的实际生产工作,没有任何一个农民社员能够承受频繁的社员大会活动。实践中,即使是村民代表,也会乏于应对过于频繁的会议。

农村股份经济合作社需要将日常事务和商事运行交由董事

---

[1] [法]托克维尔:《论美国的民主》,董果良译,商务印书馆2009年版,第272页。

会负责，社员大会仅需要保有最根本事务的决策权利。社员大会职能的科学精简为社员大会制度的实行提供了可能性，农村股份经济合作社每年召开一到两次社员大会就能解决所需议题，这从农民社员角度，是可以接受的。

2. 互联网科技发展为"社员大会"制度提供可行性

地域限制是直接民主实现的重要阻碍之一。互联网科技的出现改变了人与人之间交流的地域限制，亿万网民在通过互联网就同一事件进行表决成为可能且简便易行。

随着3G、4G网络的普及，我国移动互联网高度发达，即使偏远山区的农民社员也可以通过互联网进行意见交流。早在1996年，世界著名的高速扫描仪制造商美国贝灵巧（Bell Howell）公司就在线召开了年度股东大会，该次会议共有230个股东在线参加。[1] 通过互联网科技的凝结，传统股东大会所必需的人员在地域上的凝聚成为非必要选项。有的学者诟病"社员大会"的弊端，认为面对成千上万的农民社员，农村股份经济合作社甚至无法找到一个开会的场地。互联网科技的发展几乎完全解决了这一问题。面对人口流动较大的村长期面临农民工无法回村开会的情况，互联网也彻底消除了这万水千山的地理隔阂。2000年，《美国特拉华州普通公司法》修订，赋予了远程股东大会以合法地位。互联网科技不仅消除了制约社员大会实行的地缘要素，而且更加有利于促进信息公开，更有利于保障社员知情权的实现和表决权的行使。"由于电子信息的低成本分配，分配给股东的信息会增加……虚拟股东大会并没有给股东新的权利，但允许他们通过增加信息的分配和提高采取集

---

[1] 王宗正："网络股东大会：中国实践与制度构建"，载《江海学刊》2017年第5期，第134~141页。

体行动的可能性,以改善现有的权利行使。"[1]

互联网科技不仅突破了社员大会的地域界限,也突破了社员大会的时间界限。社员大会不必再因为会议成本的限制而匆匆闭会。会议组织者可以通过网络平台提前将会议内容告知社员,社员在线讨论,集中时间进行表决。网络论坛的存在使得社员之间的交流更加充分,每个社员都可以在议题下畅所欲言,每个社员都可以浏览其他社员的意见,互联网科技的发展为协商民主提供了可行平台。通过互联网平台,社员质询权的行使亦使得董事会避无可避。互联网科技的普及,为社员大会所需的信息发布、社员讨论、社员表决提供了虚拟空间,使得社员大会的制度形式具有了可行性。

3. 切身利益相关为"社员大会"形式提供社员参与基础

"只要从参与政治生活中得不到更多的好处,他们就对参与公共事务和统治国家没什么兴趣",古希腊思想家亚里士多德在《政治学》中如是评价其公民。在村民大会的运行中,亚里士多德的上述判断大致也是成立的。对于跟自己生产生活没有直接利益关系的村务,村民是不愿意拨冗参加的。但是农村股份经济合作社社员大会的议事内容与村民大会不同,其决议内容涉及每一个社员的切身利益,涉及一年到头自己能够分到多少红利,对此每一个社员都会给予积极地关注。即使村民不愿意花费时间参加村民大会,"通过村民会议实行直接民主的理想与广大农民政治参与需求的现实存在着一定程度的反差",[2]但农村股份经济合作社社员必然愿意花时间和精力参与社员大会,因为

---

[1] See Anatolivander Krans,"The Virtual Share Holders Meeting: How to Make It Work?",*Journal of International Commercial Law and Technology*,2(1),2007.

[2] 唐鸣:"村民会议与直接民主",载《华中师范大学学报(人文社会科学版)》2009 年第 6 期,第 24 页。

社员大会与每个社员个人和他们的家庭现实经济利益都有联系。

第二节　权力机构的表决形式

一、实证考察

农村股份经济合作社社员大会的表决方式并不一致。[1]有的采用"一人一票"的方式，有的采用"一股一票"的方式，有的采用"一人一票"和"一股一票"相结合的方式。2019年四川省宜宾市江安县首个股份经济合作社挂牌即采用了"一股一票"的表决方式。2016年广东省东莞市《关于进一步完善农村（社区）集体经济组织股权管理的指导意见》规定，农村集体经济组织可以采用"一人一票"的方式也可以采用"一股一票"的方式，具体可以由农村集体经济组织成员大会自决。2014年宁波市政府《关于全面推进村经济合作社股份合作制改革的指导意见》规定指出要探索"一人（户）一票"和"一股一票"相结合的表决方式，提高运行效率。《上海市农村集体资产监督管理条例》规定，社员大会表决实行"一人一票"制。上海市农业农村委员会主任张国坤2017年7月25日在上海市第十四届人民代表大会常务委员会第三十九次会议上作了关于《上海市农村集体资产监督管理条例（草案）》的说明，其中明确说明，公司"一股一票"等治理结构与农村集体经济组织"一人一票"等合作经营、民主管理的理念不协调。

理论界对于农村股份经济合作社社员大会的表决形式所持意见亦不统一。林星、吴春梅（2017年）在《农村股份经济合

---

[1]　笔者认为农村股份经济合作社权力机构只能够采用社员大会的形式，所以在此仅讨论实践中以全体社员个体所组成的社员大会的表决方式。不讨论社员代表大会的表决情形（包含户代表的表决情形）。

作社治理结构、机制与模式》一文中认为，社员大会应当实行"一股一票"制，社员应当凭借股份行使决策权。张继海（2017年）在《新型城镇化下的社区型股份合作公司从封闭走向开放研究》[1]一文中认为，社区股份合作公司应舍弃"一人一票"的表决机制，而采取"一股一票"的表决机制。他的支撑理由在于应当推动社区股份合作公司向《公司法》上的公司形式转变。臧之页、孙永军（2018年）在《农村集体经济组织成员权的构建：基于"股东权"视角分析》一文中同样认为，农村集体经济组织应当以"公司"为发展方向，"一人一票"的表决机制严重影响大股东的积极性，同时他又认为因为股东持股分散，"一股一票"的表决形式可能难以在农村集体经济组织中形成有效决议。所以建议采用"一人一票"与"一股一票"相结合的表决机制。他认为这种机制既符合公司运作模式，又尊重了农村股份经济合作社人和性的特点。刘彦（2012年）在《农村股份经济合作社法律问题研究——从北京市农村集体经济产权制度改革实践谈起》一文中也认为，应当构建"一股一票"和"一人一票"相结合的混合型表决机制。并进一步阐述了在涉及经营方针、投资计划、利润分配等经营决议时适用"一股一票"的表决方式，在涉及法定代表人、董事、监事的任免更换等人事决议时适用"一人一票"的表决方式。杨贵华（2014年）在《集体资产改制背景下"村改居"社区股份合作组织研究》一文中认为社区股份经济合作组织应当坚持民主管理，实

---

[1] 该文中的社区型股份合作公司也是本书所说农村股份经济合作社。作者在文中对社区股份合作公司所下定义与特点分析与本书所说的农村股份经济合作社并无二致。该文称，社区股份合作公司是指在城市化进程中由原农村集体经济组织改造并主要依托原农村集体经济资源发展而成的混合型经济组织，由于城乡二元社会结构和二元土地管理制度，仍表现出浓厚的集体主义色彩，具有强烈的封闭性，在经济形态方面往往与城市化进程中的城中村相互依存。

行社员大会"一人一票"的表决方式,而不是"一股一票"的表决方式。他持这一观点的主要支撑在于社区股份经济合作组织是农村集体经济制度的载体,具有利益分享的普惠性。管洪彦(2019年)在《农村集体经济组织法人治理机制立法建构的基本思路》一文中坚定地认为农村集体经济组织法人的权力机构应当贯彻"一人一票"的表决方式,原因在于"一人一票"所体现的"平均主义"原则是农民集体所有制的必然要求。

农村股份经济合作社权力机构的表决形式在实践中未形成统一做法,在理论上未形成统一观点。产生分歧的主要原因在于对农村股份经济合作社的独有特性以及价值目标的认识不同。设置契合农村股份经济合作社的权力机构表决方式,应该围绕"一人一票"和"一股一票"两种表决形式产生的原因和功能,以及农村股份经济合作社的特点和价值目标展开分析。

二、法理分析

(一)"一人一票"制度的产生和发展

"一人一票"制度是人类民主实践探索的一项伟大成果。早在公元前5、6世纪,雅典便实行"一人一票"表决的公民大会制度。公民大会通常由5000到6000名成员组成,所有雅典成年男性公民都可以参加。公民大会通过"一人一票"的多数决方式来进行决策和议事。雅典政治家克里斯提尼创立的"陶片流放法"就是"一人一票"表决方式的早期记载。公元前399年,雅典民主法庭也是通过"一人一票"的表决形式判处了古希腊著名哲学家苏格拉底死刑。中世纪之后,在17世纪到18世纪,随着启蒙运动的发展和社会的激烈变革,英法等欧洲诸国成为近代民主的发源地,民主思想在欧洲大陆被广泛接受。"一人一票"被西方国家标榜为资本主义民主制度的实质要素,主要体现在两个方面，一方面，议员是通过"一人一票"的选举制度产生的；另一方面，议会以"一人一票"的方式进行表决。社会主义制度在发展过程中，也积极践行"一人一票"的民主制度。巴黎公社时期，公社所有重大事项都由公社委员"一人一票"投票决定。虽然巴黎公社仅存在两个月，但"一人一票"的决议制度"开启了无产阶级民主的历程"。[1]"民主集中制"一直以来也是中国共产党的组织原则。改革开放之后，"一人一票"的表决方式也越来越得到重视，党的十三大提出重大问题必须经过投票决定。经过几十年的发展，"一人一票"在"集中"的指导下更加强调民主，不断推动着我国政治文明的发展和进步。

承载着平等、民主思想的"一人一票"表决方式不仅在政治领域有着广泛的体现，也被经济领域所接受和应用。17世纪，作为近代股份公司起源的英国东印度公司在初始阶段，股东大会实行"一人一票"的表决机制。虽然股份公司后来全部改为资决制，但是"一人一票"制度被新兴的社组织确立为基本原则。1844年成立的罗虚代尔公平先锋社将"一人一票"作为落实民主办社的重要原则，规定该合作社成员不分男女，股份不分多少，社员大会实行全员参与，"一人一票"的表决形式。罗虚代尔公平先锋社提出的"一人一票"的民主表决方式，在1995年ICA成立100周年的曼彻斯特大会上通过的新章程中得到了进一步解释，[2]该章程再一次明确合作社应当实行"一人一票"的民主控制原则。

---

〔1〕 李永忠："票决制的思考"，载《理论学刊》2003年第2期，第71页。
〔2〕 国际合作社联盟：http://www.ica.coop/coop/principles.html，最后访问时间：2020年7月15日。

(二)"一股一票"制度的产生和发展

英国东印度公司的权力机构在克伦威尔执政期间开始实行"一股一票"的表决制度。1807年9月30日颁布的《法国商法典》进一步确认了资本多数决原则。英国东印度公司权力机构表决方式由"一人一票"变革为"一股一票"的主要推动力量是,海外贸易增加带来的大量资本需求。由"一人一票"的人头多数决转变为"一股一票"的资本多数决有利于英国东印度公司吸引更多的社会资本。

"一股一票"被认为是资本的民主。"资本多数决定原则是股份有限公司股东大会民主实质的集中表现。"[1]在"一股一票"的资本多数决制度中,股东大会依照持有多数股份的股东意志作出决议,而非依据多数股东的意志作出决议。按照"一股一票"的表决方式,持有较多股份的股东,不论其人数几何,均可形成对公司的控制。

相较于股份有限公司纯粹的"一股一票"决议方式,游荡于股份有限公司和合作社之间的有限责任公司,兼具人合性和资合性的特点,各国实践中既可以采用"一股一票"和"资本多数决"原则,也可采用"一人一票"和"成员多数决"原则。相较于股份有限公司,有限责任公司并不具有向社会公众吸引资本的需要,在有限责任公司中,当其对资本的需求大于对人的需求,其将倾向于"一股一票"的表决机制;当其对人的需求大于对资本的需求,其将倾向于采用"一人一票"的表决机制。

(三)资本多数决制度和成员多数决制度的比较

"一人一票"的成员多数决制度和"一股一票"的资本多

---

[1] 王保树:"股东大会的地位及其运营的法理",载《中国社会科学院研究生院学报》1995年第1期,第18页。

数决制度所追求的价值不同。成员多数决和资本多数决，都是民主制度在经济领域的运用，但"一人一票"的成员多数决制度的民主理念在于追求人人平等，而"一股一票"的资本多数决制度的民主理念在于追求股份平等。"一股一票"的资本多数决决策机制自诞生之日起便是为了吸引资本，而经济领域"一人一票"的成员多数决制度的产生则是处于劣势经济地位的弱者要通过互助、合作来排斥资本的剥削。

"一人一票"的成员多数决制度和"一股一票"的资本多数决制度的决议效果不同。"一人一票"的成员多数决制度，决策结构由多数人的意志所决定，"一股一票"的资本多数决制度，决策结构由多数资本的意志所决定，而不考虑优势资本持有之人数的多寡。

"一人一票"的成员多数决制度和"一股一票"的资本多数决制度所可能产生的弊端不同。"一人一票"制度容易产生多数人的盲从、多数人的暴政等弊端。"一人一票"制度所产生决议的科学性也容易出现偏差。"一股一票"的资本多数决则容易形成资本控制，大股东对小股东利益的侵害等。

三、制度构建——"一人一票"制度

（一）"一人一票"制度与集体民主

农村集体产权制度改革要坚持农民集体所有不动摇，不能把集体经济改弱了、改小了、改垮了，不能把集体经济改成私有经济。农村股份经济合作社的这一特性，要求必须是社员实际民主控制农村股份经济合作社。实现社员民主控制的最优表决方式就是"一人一票"的社员多数决。这是社会主义集体民主的要求。农村股份经济合作社的治理必须强化社员的民主管理和参与意识，提高社员的民主习惯以及权利行使的意识和能力。

农村股份经济合作社的股份结构以人口股（成员股）为主，由社员出资形成的资本股所占比重低于身份股，且社员之间资本股的数量差异不大。整体来看，不同社员的持股数量差别不大，社员并不具有很大的异质性。虽然在这种股权分配结构中不同表决方式产生的结果差异不大，但仍然应当采用"一人一票"的形式来昭示集体民主。

"一人一票"和"一股一票"的实践中还有折中方式，限定资本股的总数量，如配置身份股和资本股的比例为6∶4或者7∶3，在此基础上推行社员大会"一股一票"的表决方式。这种表决方式在农村股份经济合作社构建之初，弊端并不明显，但是，当前我国农村股份经济合作社普遍允许身份股和资本股的内部或者外部转让，这种机制可能使众多的股份集中于大户之手，社员同质性或将被打破，若实行"一股一票"的表决方式，大户或者大户的联合将会控制农村股份经济合作社。存在大股东控制的情况中，持股较少的社员，会受自己表决意见对结果影响不大思想的支配，游离于农村股份经济合作社权力机构之外，农民参与集体经济组织建设的能动性、自觉性和自主性都将大打折扣。农村集体经济将被控制于一部分少数人之手，社会主义集体经济所倡导的人人平等和基层民主也将无从谈起。

（二）"一人一票"制度与资本控制

农村股份经济合作社是我国本土的制度探索，与国际合作社联盟所界定的合作社在组建、运行和目的上并不完全相同，但其实质仍然是合作经济而非股份经济。合作经济和股份经济都有人和资本的因素。合作经济并非只有人的要素，股份经济也并非只有资本的要素；合作经济离不开资本，股份经济也离不开人。二者的根本区别在于：合作经济侧重于人对资本的控制，股份经济侧重于资本对人的控制。合作社就是在反资本剥削的境况下设立的，其产生的根本动因就在于要在制度上变更资本对人的控制。

合作社反对资本控制的重要原则就是资本报酬有限性原则，早在1937年，国际合作社联盟在修订章程时就加上了"股本利息应受限制"原则。当时，国际合作社联盟提倡的是：社员入社的股金可以获得利息，但不参加分红，而且股金的利息严格限制在一般不超过市面上通行的普通利率。随着合作社的发展，这一制度在不同国家偶有突破，但资本报酬有限仍然是公认的准则。

农村股份经济合作社的建设离不开资本的支持。实现传统农业向现代农业发展转变，推动农业规模经营，建立现代农业经营体系，资本投入是一个重要的促进因素，也是一种必然选择。2018年中央农村工作会议明确指出："实施乡村振兴战略要鼓励引导工商资本参与农村振兴，鼓励社会各界人士投身乡村建设。"当前，我国农村股份经济合作社融资渠道不畅，农业相关项目融资困难，农业农村的发展亟须资金支持，但所需支持资金不能来自公众资本。私人资本将导致农民的依附性和主体的缺乏性，私人资本必将如洪水猛兽一般侵蚀农民和农村集体的经济利益，挤压农民的生存空间。农村股份经济合作社的发展应当由国家、政府给予资金和政策支持。即使通过内部成员出资，也应当对资本的比例和资本回报进行限制。

"一股一票"资本多数决模式在于吸引社会公众资本，而农村股份经济合作社的发展过程中，不应开放社会公众资本的引入，即使对于内部资本的筹集也应当予以限制。"一股一票"资本多数决模式的构建出发点与农村股份经济合作社的特征并不相容。

(三)"一人一票"制度与农民社会保障

农村股份经济合作社作为集体经济组织的载体,肩负着广大农民的社会保障职能。农村股份经济合作社的发展,涉及每一个农民的基本生存保障。迫切需要农村股份经济合作社提供基本生存保障的是最贫穷的农民。乡村富有农民在合作社的投资和收益仅仅是其全部投资和收益的一部分,而对于最贫穷的农民来说,其在农村股份经济合作社的投资和收益几乎是其全部投资和收益。越是贫穷的农民越是需要农村股份经济合作社为其提供保障。如果采用"一股一票"的资本多数决制度,对农村股份经济合作社需要最迫切的人,因为其持股份额较少,会丧失在农村股份经济合作社中的话语权。

富人社员和穷人社员对农村股份经济合作社的期待并不一致。富人更倾向于投资回报,穷人更倾向于基本生活保障的稳定。出资多的富人更倾向于将利润留在农村股份经济合作社,进一步发展壮大农村股份经济合作社,而出资少的穷人则倾向于最大可能的利润分配。自诞生之日起,合作社便倾向于留置较少的利润作为发展资金,这是与其互助、合作、保障等价值目标相一致的。农村股份经济合作社具有营利的特性,但其营利性受社会保障性的制约,在风险发展和基本保障之间,更侧重于基本保障。农村股份经济合作社的社会保障功能,要求其权力机构的表决形式能够为穷人意志的表达提供制度支持。

"一股一票"的资本多数决制度还会形成富人和穷人的对抗,在这场对抗中穷人将永远处于弱势地位。关于富人和穷人的资本多数决对抗,美国作家 Mike Quin 在他的小说"The Golden Trumpets of Yap Yap"中讲述了一个金喇叭的故事。这个故事讲的是亚普亚普国的国王说他有民主,通过吹喇叭来体现。表决现场该国仅有的四个富人和大批穷人聚会一处。当国王抬起右手,要求同意者吹喇叭时,只看到四个富人都举起金喇叭,卖力地吹起来;在国王抬起左手,命令反对者吹喇叭时,穷人堆里寂无反响,于是政策就按四个富人的意愿决定了。在随后的议事中,不管支持还是反对,总是那几个人拿出金喇叭狂吹,其他人一动不动。前去亚普亚普国了解民主制度的美国人很奇怪,问国王:"其他人为什么不吹喇叭。"国王回答:"因为他们买不起金喇叭。"如果在农村股份经济合作社中实行"一股一票"的资本多数决表决方式,其结果必然和"金喇叭"的故事一样,总是富人胜出、穷人失败。若农村股份经济合作社被资本控制,其核心价值和目标必然发生趋利性的"使命漂移"。

(四)集体股表决权的废除

集体股是农村股份经济合作社中普遍存在的股权类型。在有的农村股份经济合作社中,集体股由乡镇政府持有,持股比例甚至超过50%,政府是名副其实的大股东。而且这些集体股还拥有表决权,政府集体股控制着农村股份经济合作社的决策权并有权调配集体股的收益。

2016年中共中央、国务院《关于稳步推进农村集体产权制度改革的意见》指出"股权设置应以成员股为主,是否设置集体股由本集体经济组织成员民主讨论决定"。随着农村集体产权制度改革的推进,对于集体股的存废,各地的认识不尽相同。有的地区明确要求设置集体股,如深圳、青岛、贵阳等地;[1]

---

[1] 《深圳经济特区股份合作公司条例》(2011年修正)第27条规定:"公司设置集体股和合作股……集体股占集体财产折股股份总额的比例由市人民政府规定。"青岛市《关于推进农村集体经济组织产权制度改革的意见》要求:"股权设置类型分为集体股和个人股,各区市根据实际情况确定集体股与个人股之间比例。"《贵阳市发展壮大农村集体经济行动计划(2014—2017年)》甚至提出:"2014年全市所有行政村每村至少成立1个由村集体控股或参股的新型农村集体经济组织,实现农村集体经济组织全覆盖。"

有的地区明确要求废除集体股，如江苏绍兴、苏州等地；[1]有的地区赋予各村自由决定是否设置集体股的自由裁量权，如上海等地。[2]

集体股的设置目的在于留存公共积累，以用于服务农村公共产品供给和农村股份经济合作社的长久发展，这一目的设置具有合理性。集体股在我国现有城乡二元社会保障体制下具有必要性。当前国家财政拨款不足以支撑农村公共产品供给的全部需求，农村集体经济组织肩负补足政府财政拨款缺口、为农村公共产品供给输血的任务。[3]农村股份经济合作社作为新时代的农村集体经济组织，承担公共产品供给的任务具有现实合理性。倡议将集体股改革为公积金的学者，也认同农村股份经济合作社的社会保障职能。

集体股饱受诟病的主要原因在于集体股的控制权问题。有的农村股份经济合作社的集体股由乡镇持有，有的农村股份经济合作社的集体股由村委会代持。乡镇和村委会不仅享受集体股的分红，还享有集体股的表决权。在集体股设置比重较大的农村股份经济合作社中，乡镇和村委会可以通过行使集体股的表决权来实现对合作社的控制。"社区行政组织或村委会对合作

---

〔1〕 中共绍兴市委绍兴市人民政府《关于推进农村社区股份合作制改革的意见》规定："在资产量化过程中，原则上不设集体股，一般只设个人股。"2015年苏州市也明确要求："凡今后新组建的社区股份合作社，一律实行股权固化，且不再设置集体股。"

〔2〕 2014年上海市人民政府《关于推进本市农村集体经济组织产权制度改革的若干意见》规定："撤制村原则上不设立集体股，未撤制的村及乡镇可设立一定比例的集体股。"

〔3〕 根据国务院办公厅转发原卫生部等部门《关于进一步做好新型农村合作医疗试点工作的指导意见》与国务院《关于开展新型农村社会养老保险试点的指导意见》的规定，集体补助应当是新型农村合作医疗保险与新型农村社会养老保险资金筹集的重要组成部分。

社日常人事管理权和经营决策权的过度干预现象，在集体股占优势的土地股份合作社表现得尤为突出。"[1]"现实中更多的是农民群众反对保留集体股，认为这样的改革不彻底，会为集体资产管理和二次分配留下隐患。"[2]集体股控制权的存在也是农村股份经济合作社"政经不分"的主要原因。

农村股份经济合作社需要提取一定资金作为公共产品供给的需要，其关键问题不在于是用集体股的形式提取还是以公积金的形式提取，而在于这笔资金使用的决策权的归属问题。法理上，决策权属于社员大会，而不应该由村委会或者其他机构代为持有。此外，农村集体产权制度改革的重要目的之一在于解决农村集体产权虚置的问题，在保留集体股的情形下，需要避免集体股所附随的内部人控和利益输送问题，从这一角度看，集体股不宜再由乡镇政府和村委会代持，乡镇政府和村委会也不应再享有表决权。

第三节 权力机构的权力配置

按照我国《物权法》第 59 条第 1 款规定："农民集体所有的不动产和动产，属于本集体成员集体所有。"农村股份经济合作社为农村集体成员集体所有，由于社员人数众多，社员集体无法以会议的形式实现农村股份经济合作社的自力经营管理，需要委托专门的经营管理者代为行使经营管理的职能。所有者与经营管理者之间权力的配置是企业组织机构设置和企业治理

---

[1] 杨红朝："土地承包经营管理权入股农民专业合作社法律问题探讨"，载《河北法学》2011 年第 6 期，第 28 页。

[2] 黄延信等："农村集体产权制度改革若干问题的思考"，载《农村经营管理》2014 年第 4 期，第 26 页。

的基础,已经成为经济学界和法学界所公认的不争事实。企业权力如何适当且富有效率地在所有者与经营管理者之间分配,是一个历久弥新的重要课题。

一、实证考察

长三角、珠三角以及京郊地区,是农村产权制度改革的先驱,积累的改革经验已经转化为区域内规范性文件,也是其他地区改革考察效仿的对象。本书在这三个地区选取十个试点,就其社员大会的权力配置进行分析,以期能够管中窥豹,大致获得当前农村股份经济合作社权力机构职权配置的情形。抽取的文件包括《浙江省村经济合作社组织条例》《湖北省农村集体经济组织管理办法》《上海市浦东新区村经济合作社示范章程》《扬州市村(社区)经济合作社(股份经济合作社)示范章程(试行)》《东莞市农村(社区)集体资产管理实施办法》《通州区农村社区股份合作社规范化管理实施办法(试行)》《海淀区人民政府关于农村集体资产管理的意见》《宿豫区村股份经济合作社章程(试行)》《广州市白云区经济联合社和经济合作社示范章程》《罗源县村级股份经济合作社示范章程》。

实践中农村股份经济合作社社员大会的权力配置分为7个板块,分别为章程的制定与修改、人事任免与薪酬、董监事会工作报告审议、预算决算与利润分配、成员变动、重大事项与兜底条款几项。并非所有规范性文件或者示范文件均对以上内容有所规定,从数据统计来看,所有农村股份经济合作社都认为社员大会应当具备章程的制定和修改、重大事项的决议两项权力。董监事会成员的任免权、董监事会的工作报告审议、合作社社员的变动以及预算决算和利润分享方案也被绝大多数农村股份经济合作社肯认为社员大会的职权。另外从文本分析可以看到，虽然各个合作社示范条例均意识到社员大会需要就农村股份经济合作社发展过程中遇到的重大事项予以关注，但是对重大事项的界定，却存在较大的差异。如《湖北省农村集体经济组织管理办法》第 19 条第（四）项认为"发包项目和方式、新上生产经营项目、新建企业、对外投资、决定加入农村集体经济组织的联合组织或联营等"为重大事项；《海淀区人民政府关于农村集体资产管理的意见》认为，增资减资、合并分立、重大集体资产处置、重大投资计划为重大事项；《宿豫区村股份经济合作社章程（试行）》认为，重大财产处置、投融资和担保属于重大事项；《扬州市村（社区）经济合作社（股份经济合作社）示范章程（试行）》认为，合并分立、土地承包方案、集体土地征收或者征用补偿费等资金的分配方案、留用地使用方案等为重大事项。

二、权力配置的原则

农村股份经济合作社是一种企业组织形式，然而并非所有形式组织的企业都存在所有权与经营管理权相分离的情况。例如，在个人独资企业和小型合伙企业中，大多不存在所有权与经营管理权分离，一般情况下，所有者就是经营管理者。所有权与经营管理权分离是市场经济和社会化大生产的产物，是现代企业的代表性特征。企业权力在所有者与经营管理者之间的配置应当满足所有者权益至上原则和效益最优原则。对于农村股份经济合作社这一特殊主体来说，所有者权益至上原则进一步可以具体体现为民主控制原则，社员民主控制是实现所有者权益至上的必要保障。此外，农村股份经济合作社的社员缺乏从事商事活动的经验和能力，权利意识淡薄，需要国家以强制性法律规范的形式对社员大会权力的配置予以干预，以保障社员权利的切实落实。

(一) 社员民主控制原则

民主控制原则，是国际合作社运动所奉行的重要原则。在所有权和经营管理权分离的情况下实现社员民主控制，必须将农村股份经济合作社的根本性决策权力赋予社员大会。

需要指出的是，社员民主控制不等于社员民主管理，并非要求社员集体参与到农村股份经济合作社具体的商事运营事务和日常管理事务，社员民主多数决并非要在经营管理的具体环节上处处得到体现。社员集体只需在涉及农村股份经济合作社控制权的范畴内实行民主多数决即可。

社员民主控制原则的落实，根本目的在于维护社员的权益，使其免受经营管理者的侵害。所有者权益至上的价值追求在以公司为代表的其他企业立法中亦有充分的体现，许多法律就根本性决策权力进行了解读。如在特拉华州的公司立法中，将公司的根本性决策权力表达为美国"董事的选任和解任""批准公司的运营""批准公司章程和章程细则""批准公司的合并、重大资产出售、股权置换、解散"等。我国《公司法》也将公司的根本性权力归纳为11项，明确列举在第37条中。[1]这些探索对于我们明确农村股份经济合作社社员会职权都具有借鉴意义。在此值得一提的是，我国《公司法》对所有者和经营管理

---

[1]《公司法》第37条规定："股东会行使下列职权：(一) 决定公司的经营方针和投资计划；(二) 选举和更换非由职工代表担任的董事、监事，决定有关董事、监事的报酬事项；(三) 审议批准董事会的报告；(四) 审议批准监事会或者监事的报告；(五) 审议批准公司的年度财务预算方案、决算方案；(六) 审议批准公司的利润分配方案和弥补亏损方案；(七) 对公司增加或者减少注册资本作出决议；(八) 对发行公司债券作出决议；(九) 对公司合并、分立、解散、清算或者变更公司形式作出决议；(十) 修改公司章程；(十一) 公司章程规定的其他职权。对前款所列事项股东以书面形式一致表示同意的，可以不召开股东会会议，直接作出决定，并由全体股东在决定文件上签名、盖章。"

者的职权界定并不完全清晰,如股东会"决定公司的经营方针和投资计划"和董事会"决定公司的经营计划和投资方案"有什么区别,实难言定。我们在制定农村股份经济合作社治理结构分权规则时,应当以"社员大会享有根本性决策权力"为原则,详细推敲具体规则的表述。

(二) 效益最优原则

以科斯为代表的制度经济学派认为,企业的存在在于能够降低市场交易过程中产生的各种成本。通过企业这种组织形式,所有者可以获得更大的效益。因此,实现企业效益最优也是权力配置的基本原则。

企业的决策成本直接影响企业的效益,只有极大地降低企业的决策成本才能够实现企业效益的最优化。实现农村股份经济合作社决策成本的最低化,需要就其决策成本的产生和避免进行详细分析。一方面,企业的决策成本取决于信息成本,企业的任何决策都依赖于市场信息,在瞬息万变的市场交易中,相较于股东会,董事会更能够真实、准确、完整地掌握信息,由董事会根据商业判断规则作出决策成本更低。另一方面,企业的决策成本取决于决策人数,参与决策的人数越少,形成决策的成本越低。董事会的人数远远少于股东会的人数,决策效率也远高于股东会。农村股份经济合作社的社员人数成千上万,让成千上万的社员为农村股份经济合作社的日常经营事务作出决策不具有可行性。有时甚至发生"投票悖论","即虽然所有的股东个人可以依其迁移性的偏好作理性的选择,但股东全体偏好的总和却成为不理性的循环多数决"。[1]

将农村股份经济合作社的日常经营决策权赋予董事会具有

---

[1] 参见许可:"股东会与董事会分权制度研究",载《中国法学》2017年第2期,第137页。

效率性和效益性，能够极大地降低决策成本，实现农村股份经济合作社效益的最大化。然而，社员大会与董事会之间由于所有权和管理权的分离还产生了代理成本，如果代理成本过大，将抵消决策成本降低给所有者带来的利益。故而，在将决策权配置给董事会的同时，需要设置机制遏制代理成本的增加。设立监督机构是应有之义，不论是将监督机构并入董事会的双层机构设置，还是将监督机构独立设置的三套马车模式，监督机构都必不可少。

三、权力内容

按照社员民主控制原则、效益最优原则，国家应该以强制性法律规范的形式就农村股份经济合作社社员大会的权力进行规定。包含的权力内容如下：

（一）章程制定与修改的权力

章程是农村股份经济合作社设立的最主要条件和最重要文件，与法律法规一同肩负着调整农村股份经济合作社活动的责任。章程是农村股份经济合作社组织与行为的基本准则，既是农村股份经济合作社的自治规范，也是其对外经营交往的重要依据。章程对于农村股份经济合作社本身、社员以及高级管理人员均产生约束效力。章程是农村股份经济合作社最根本的文件，其中的规定多是有关农村股份经济合作社存在与发展的根本性问题，故而应当由社员大会享有制定与修改的权力。

（二）社员资格的变动

社员资格，是个体享有社员权力的身份基础。社员资格的确认需要严格执行国家法律法规以及农村股份经济合作社章程的规定。社员资格的取得与丧失，不仅关系个体社员的单一利益，也涉及全体社员的整体利益，审慎起见，社员大会应当就社员资格的变动情况进行审议。另一方面，法律法规和合作社章程并不能穷尽社员资格认定的所有情形，在此情形下，社员大会也需要以集体决议的形式对社员资格的取得与丧失作出判断。

（三）任免董事、监事和经理并决定其薪酬的权力

董事和经理是农村股份经济合作社的经营管理者，代为经营管理所有者的财产。享有选举和更换经营管理者的绝对权力，是实现所有者民主控制农村股份经济合作社的最重要保障。农村股份经济合作社的所有者通过经营管理者的任免以确保经营管理者能够尽到勤勉与忠实义务，仿若管理自己事务一样管理所有者的事务。监事是农村股份经济合作社监督机构的成员，在存在所有权与经营管理权分离的情况下，尽职尽责的监督人员和良好运行的监督机构能够有效降低经营管理者的代理成本，农村股份经济合作社的所有者需要通过任免机制以保障监督人员相对于经营管理人员的独立性和工作的有效性。适当的薪酬能够起到激励作用，同时，过高的薪酬也会挤占社员的可分享红利，由社员大会根据市场规律来确定薪酬，可以更好地平衡社员与高管之间的关系。

（四）审议批准董事会和监事会工作报告的权力

董事会工作报告和监事会工作报告是社员了解农村股份经济合作社经营管理情况、发展现状和未来前景的主要材料，是社员知情权行使的重要路径。法律应当明确规定社员大会具有审议批准董事会和监事会工作报告的权力。这也是社员民主参与农村股份经济合作社管理的必要要求。

（五）审议批准财务预算、决算、利润分配和弥补亏损的方案

财务预算和决算方案直接关系到农村股份经济合作社在过去和未来一定期限内的财务状况和经营方向，涉及农村股份经

济合作社发展的根本性问题。利润分配方案和弥补亏损方案，与农村股份经济合作社的当期可获得利益密切相关。这几项事宜或者事关农村股份经济合作社的长期发展，或者事关农村股份经济合作社社员的短期切身利益，也应当由农村股份经济合作社社员大会进行决议。

（六）章程规定的其他职权

农村股份经济合作社存续和发展过程中的重大事项应当由社员大会决定，但"重大性"具有相对性，不同的农村股份经济合作社规模不同、发展阶段不同，对于"重大性"的界定也不同。在法律的强制性规定之外，应该赋予农村股份经济合作社章程以自治的权力，根据自身需求，自主就法律规定之外的认为有必要由农村股份经济合作社社员大会决议的事项予以规定。

此外，法律不能穷尽一切事宜，赋予章程以自主约定农村股份经济合作社社员大会权力的职能，有助于弥补法律规定的不足，更好地保障农村股份经济合作社的运营和社员的权力。

第五章 农村股份经济合作社的经营管理机构

第一节 经营管理机构的组织形式

一、企业经营管理机构组织形式的变迁

当资本所有者们无力或者厌倦亲自处理经营管理事务,又迫切希望追逐资本所产生的红利时,所有者们可以委托专门的经营管理机构代为从事经营管理工作。这一专门的经营管理机构可以是一个人,也可以是一些人。前者形成"资本所有者——经理"的模式,后者形成"资本所有者——董事会(经理)"的模式。

"资本所有者——经理"模式的典型例证为欧洲中世纪所有权与经营管理权相分离的康孟达(Commenda)。康孟达出现于11世纪地中海沿岸,并非现代意义上的公司,而被认定为与现今有限合伙企业相类似的企业。在康孟达中,投资人作为资本所有者仅负责将资本交予船东或者航海者,船东或航海者作为职业经理人负责支配所有资金,以之从事海上贸易,并按照约定给予投资人分红,投资人不介入具体的经营手段、内容,甚至不需了解经营状况。另外,中国传统商业模式中广泛存在着"东家和管家"的分权结构,也与"资本所有者——经理"模式有一定相似之处,"东家"是资本所有者,"管家"是经营管理人。

有的学者将"资本所有者——董事会(经理)"模式追述至欧洲中世纪的商人公会,认为在商人公会中出现了"首席执

行官和委员会"相结合的形式。[1]但是本书认为商人公会中的"首席执行官和委员会"模式与现代企业治理中的"经理和董事会"模式具有本质差别。在商人公会中，委员会的作用和功能是协助首席执行官进行业务处理，而在现代企业治理中，董事会的作用和功能在于对经理权力的制约。分权制衡意义上的经理和董事会制度出现于现代股份制公司中。英国东印度公司被认为是现代股份制公司的先驱之一。1600年，英国女皇伊丽莎白一世颁发特许状，授权216名骑士、市府参事和商人出资组建英国东印度公司。特许状要求英国东印度公司设立总督与委员会（Committees），其中委员会由24人组成，成员由英国东印度公司全体成员每年选举产生。[2]英国东印度公司的商事运营和日常管理的决策权由委员会行使，总督进行执行。[3]用现代企业治理的眼光来看，英国东印度公司的总督相当于经理，委员会相当于董事会。在此，商事组织的经营管理权由集中于经理一人转变为由董事会和经理共同享有，从分权角度来看，董事会负责决策，经理负责执行。

"资本所有者——董事会（经理）"模式自诞生之日起就伴生了董事会与经理对经营管理权的争夺。从制度发展史的角度来看，17世纪，商事组织经营管理中的决策权从经理转移到董事会。20世纪，在有的商事组织中又出现了经营管理权从董

---

〔1〕 吴伟央："公司经理法律制度研究——以经理法律地位为中心的权利、义务、责任体系分析"，中国政法大学2008年博士学位论文，第15页。

〔2〕 See Avner Greif, "Cultural Beliefs and the Organization of Society: A historical and The Oretical Reflec-tionon the Collective and Individualist Societies", *Journal of Political Economy*, vol. 102, no. 5 (Oct. 1994), pp. 912~950.

〔3〕 See Avner Greif, "Cultural Beliefs and the Organization of Society: A historical and The Oretical Reflec-tionon the Collective and Individualist Societies", *Journal of Political Economy*, vol. 102, no. 5 (Oct. 1994), pp. 912~950.

事会转移到经理层的情形。例如，在美国，20世纪以来，公众公司股权高度分散，公司的发展除了依赖资本，更多地依赖于经理层的运营，与这一客观事实相适应，经理的权力获得了实质性的膨胀。在股权高度分散的公众公司中，经营管理的决策权再次从董事会转移到经理。以1932年伯利和米恩斯出版的《现代公司与私有财产》为标志，董事会和经理的权力配置再次被提起，理论研究和公众诉求再次开始关注董事会对经理专断权力的分享和控制。当今，经理和董事会共享商事组织的经营管理权已经形成共识，二者如何在分权制衡中不断发展将成为企业治理中历久弥新的永恒课题。

二、董事会模式的制度优势与职能定位

（一）制度优势

董事会并非所有权与经营管理权分离的必然产物，却是当代企业管理所推崇之模式。相较于其他治理结构，董事会具有独特的制度优势。

1. 董事会制度可以阻止经理的个人专断

如前所述，英国东印度公司所采用的"总督与委员会"模式，被后世认定为最早的董事会结构。有学者认为英国东印度公司采用"总督+委员会"的治理结构，可能"是中世纪晚期西欧政治实践和理念的反映"。[1]中世纪的西欧王国为平衡国王与地方贵族的斗争，往往设立有采用委员会机制的"顾问团"——实践证明，"顾问团"的存在有利于避免国王的独断专行。从这一角度类比来看，经理人的决策专断推动了董事会的诞生，董事会的首要职能和制度优势在于平衡股东和经理人之

---

[1] 爱汉者等编，黄时鉴整理：《东西洋考每月统记传》，中华书局1997年版，第418页。

间的利益冲突,限制经理人权力做大而损害股东利益。这一理念在 1698 年设立的英格兰银行中得到了更加淋漓尽致地展现。英格兰银行资产所有者组成的业主庭选举产生总经理和董事会,并由董事会对总经理的行为进行强有力的制约。[1]

2. 董事会制度可以平衡不同股东的利益

董事会在对总经理进行制约、避免专断的同时,亦可以通过集体决策平衡不同股东的利益,这是董事会的第二个制度优势。

1606 年,英国国王詹姆斯一世授予伦敦弗吉尼亚公司特许状,允许其将殖民贸易开展到后世的美国本土,即当时尚未开垦的北美洲上。贸易开始前,伦敦弗吉尼亚公司设计了二元组织机构:一方面,英国本土出资人组成发起人组织,该组织具有公司最终决策权;另一方面,英国政府授权伦敦弗吉尼亚公司在美洲大陆等海外殖民地的相关人员组成一个独立团体,该团体负责具体的商务活动。

由一个团体来进行集体决策和授权一个人来进行个体决策各有优缺点,虽然集体理性未必优于个体理性,集体决策的结果亦未必优于个体决策的结果,但具体到企业经营中,设置董事会以推行集体决策有助于汇集不同董事的意见,并通过平衡不同董事意见实现平衡不同董事所代表的不同股东利益的目的。另外,董事会决议建立在集体共识之上,也有利于提高决策的可接受程度。

亦有学者认为,董事会的起源可以更早地追溯至规约公司。[2]

---

[1] See Ronald R. Formoy, *The Historical Foundations of Modern Company Law*, London: Sweet&Maxwell, 1923, pp. 20~21.

[2] 参见邓峰:"董事会制度的起源、演进与中国的学习",载《中国社会科学》2011 年第 1 期,第 164~176 页。

第五章　农村股份经济合作社的经营管理机构

这一溯源有效地为董事会平衡各方股东利益之功能的说法提供了强有力的论据。规约公司和合股公司都是非常典型的近代早期英美公司形式，"他们是英国推行殖民政策、发展海外贸易的主要工具之一，又是古代公司与现代商业公司之间一个承前启后的桥梁"。[1]规约公司与同业公会类似，对于特定贸易具有特许经营管理权，只有其会员才有权利经营规约公司的特许贸易。其自身没有"股本"，也不从事生产经营活动——经营活动由加入公司的各个商人自己运行，法律规定"该公司不得以合股经营的身份，自己出来从事贸易，不得以公印借入资本"；[2]在规约公司中，"成员之间的吵吵嚷嚷以及无序竞争是不可避免的"；[3]"在同一个特许经营管理权下，在相同的买卖所中经营类似的商品，货源的纷争、采购和出售价格的竞争以及长途贩运的总量控制等，会使得内部成员之间反目成仇，而这种现象是规约公司所不愿意看到的。"[4]因此，规约公司的特许状中往往要求规约公司必须成立一个治理委员会，用于调整、平衡、规制公司成员之间的利益。[5]这一治理委员会也常被学界认定为董事会的前身甚至就是董事会本身。

（二）职能定位

通过对董事会制度产生的溯源可以看出董事会的制度优势

---

[1] 方流芳："公司、国家权力与民事权利的分合"，中国人民大学1991年博士学位论文，第42~43页。

[2] ［英］亚当·斯密：《国民财富的性质和原因的研究》，郭大力、王亚南译，商务印书馆1972年版，第300页。

[3] 虞政平："论早期特许公司——现代股份公司之渊源"，载《政法论坛》2000年第5期，第63页。

[4] 吴伟央："公司董事会职能流变考"，载《中国政法大学学报》2009年第2期，第16页。

[5] See Franklin A. Gevurtz, "The Historical and Political Origins of the Corporate Board of Directors", *Hofstra Law Review*, vol. 33, no. 1 (Fall, 2004), p. 108.

和职能发挥于企业的商事运行之中。一方面,董事会受股东委托,具有制约经理人行为的功能。制约方式包含决策制约和行为监督。董事会对经理人的决策制约和行为监督,也常被表达为"战略管理和监督"。如美国公司法学者琳恩·达拉斯(Lynne Dallas)教授认为,"董事会职能有多重,主要包括监督经营者、相关者和战略管理"。[1]我国学者李建伟教授也在《公司制度、公司治理与公司管理——法律在公司管理中的地位与作用》一书中,认为董事会肩负着"战略管理与监督"的职责。[2]另一方面,董事会具有平衡各方面股东利益的功能。董事由股东会选举而出,不同的董事代表着不同利益的股东。董事会通过充分协商和"一人一票"多数通过的表决方式,间接表达了不同股东的诉求。董事会制度的这两项功能通过集体决议的方式得以体现。董事会就企业商事活动作出决策,既可以防止职业经理人的专断,又可以广泛听取不同股东代表董事的声音,以达到企业稳妥经营与营利的目的。

董事会的职能和法律地位伴随着现代企业的产生而产生,伴随着现代企业的发展而变化。在公司特许时代,公司的权力被国王的特许状集中于董事会之中,股东仅有选举董事的权力,作为人数最多的出资者,被剥夺了参与公司经营管理的权利。此时的董事会对公司的商事行为已经拥有了极为广泛的决策权利,负责公司经营管理的功能在特许时代已经相当明确,相比之下,"现代类型的股东权利和股东大会制度倒是后来才逐步发展出来的"。[3]19世纪随着大量公司丑闻的发生,欧美资本主

---

[1] See LynneL. Dallas, *The Multiple Roles of Corporate Boards of Directors*, 40San Diego Law Review, (2003), p, 781.

[2] 参见李建伟:《公司制度、公司治理与公司管理——法律在公司管理中的地位与作用》,人民法院出版社2005年版,第147~148页。

[3] 仲继银:"迷失的董事会中心主义",载《董事会》2014年第2期,第48页。

义国家开始思考投资者利益保护问题。欧洲各国的商事法律转而开始限制董事会的权力，同时赋予股东会以极大的权力。如1808年《法国商法典》、1829年《西班牙商法典》、1844年《英国合股公司法》、1855年《英国有限责任法案》、1843年《德国股份法》和1861年《德意志商法通则》等法律文件普遍确定了股东会享有选举董事和进行重大决策的权利。这一阶段，董事会的权力弱化，转而被股东会吸收，企业治理的焦点集中于大股东内部人控制以及中小股东权利保护等问题。进入20世纪之后，股东会、董事会和经理的职能被重新认识。1932年伯利和米恩斯出版的《现代公司与私有财产》（The Modern Corporation and Private Property）展现了大型公众公司股权高度分散的现象。他们认为，大型公众公司中的经理层掌握了公司的经营管理权，股东和经理人之间关系紧张，公司的代理问题突出。在频发的财务丑闻的推动下，董事会的重要性被再次认可。董事会的决策功能和监督功能再次得到重申。

三、农村股份经济合作社的模式选择

农村股份经济合作社社员人数较多，社员大会召集成本较高且决策效率不高，社员大会仅宜保留有重大事项的决策权力，将日常管理和一般经营事项的决策权和执行权委托给专门的经营管理机构富有效益性。在农村股份经济合作社中，经营管理机构享有广泛的对内对外权力，如果将这一权力赋予一人，则发生道德风险的概率会大大提升。美国20世纪中叶以来，企业治理丑闻频发，被普遍认为与经营管理权从董事会向经理转移有直接关系。从阻止经营管理者个人专断和防范经营管理者道德风险的角度来看，农村股份经济合作社采取董事会模式更加适宜。

同时,农村职业经理人制度的发展也需要董事会制度的辅助与制约。从外部引入职业经理人这一做法在实践中越来越被广大农村股份经济合作社所接受和认可。乡村振兴,离不开外部人才的引进,但如果脱离董事会制度,农村职业经理人制度的推行就不具有可行性。一方面,外部聘任而来的职业经理人与农村缺乏乡土联结,利用机会主义侵害农村股份经济合作社以及农民权益的道德风险较高,社员从情感上和理性上都不会同意由职业经理人来独立负责农村股份经济合作社的经营管理事务。另一方面,如果设置单一的经理负责制,外部聘请而来的职业经理人可能会因为缺少对农村股份经济合作社的深入了解而作出脱离实际的错误决断。从引入职业经理人的角度来看,农村股份经济合作社构建董事会制度确有必要。

第二节 董事会

一、法律地位

农村股份经济合作社董事会是由社员大会选举产生的董事所组成的机关。董事会在农村股份经济合作社治理结构中处于核心地位。董事会是社员大会意思的执行机构,是经营管理的决策机构,也是应当被法律所明确规定的常设机构。

(一) 董事会是社员大会意思的执行机构

农村股份经济合作社董事会由社员大会选举产生的董事所组成。如果说,社员大会是农村股份经济合作社的意思机构和权力机构,那么,董事会就是社员大会意思的执行机构。从董事会与社员大会的关系来讲,董事会对社员大会负责。社员大会依照职权范围所作出的决议,董事会要予以执行。社员大会可以罢免不称职的董事。即使在董事会中心主义被确认的法律环境中，农村股份经济合作社的社员大会亦将保留有修改章程和选举更换董事的权力。理论上农村股份经济合作社董事会行使权力的依据应当来源于制定法和合作社章程，但在常态的治理状态下，农村股份经济合作社的董事会也不能完全对抗其社员大会的意志。

（二）董事会是经营管理中的决策机构

农村股份经济合作社董事会执行社员大会的决议，负责在经营管理中进行决策。董事会具有独立性，是农村股份经济合作社的独立组织机构，有其独立于社员大会的职权。在制定法和农村股份经济合作社章程规定的范围内，董事会对合作社的经营管理拥有决策权。在农村股份经济合作社董事会和经理的关系之中，董事会是决策机构，经理是执行人员，经理需要对董事会负责。

关于董事会在制定法和农村股份经济合作社章程规定的范围内，依照商业判断规则所产生之决议，是否可由社员大会任意干预这一问题，理论和实践持有不同态度，学界也有不同声音。本书认为，董事会具有独立性，在不违反忠实义务和勤勉义务的情况下，董事会的决议不能由社员大会任意干预。这一问题将在董事会职权部分详细论述。

（三）董事会应是法定的常设机构

农村股份经济合作社董事会自农村股份经济合作社成立之日起，便应一直存在。虽然其成员可依照法律、章程、社员大会决议随时调换，但董事会作为农村股份经济合作社常设机构的法律地位应当由制定法所确认，这一制度的设计结构不宜因农村股份经济合作社章程或者社员大会决议而改变。

综观各国合作社法和股份公司法，社员（股东）人数众多的，一般要求设立董事会，而非执行董事；社员（股东）人数较少的可以不设董事会，设立执行董事。农村股份经济合作社社员人数众多，为了更好地实现社员民主，保障社员权益，本书在权力机构部分主张采用"股东大会——董事会"模式，而非"股东大会——股东代表大会——董事会（执行董事）"模式。在"股东大会——董事会"模式的二元结构中，董事会任务重大，承担着日常经营的决策工作，如果人数过少或者采用执行董事模式，则容易滋生农村股份经济合作社的权力被个人窃取等问题。

二、董事会的权力

（一）董事会的权力

农村股份经济合作社社员众多，由社员大会来从事农村股份经济合作社商事活动的运行，既不具有科学性也缺乏效益性。农村股份经济合作社需要有专门的经营管理人员来打理其商事活动。为了避免该人员的独断以及可能产生的机会主义，需要有董事会对其商事经营行为进行制约，并且充分维护社员利益。

董事会对经理人商事经营行为的制约表现为两个方面，一是董事会掌控农村股份经济合作社经营管理事务的决策权力；二是董事会对经理人的经营管理行为具有监督权力。

从这两点出发，董事会的具体权力至少应当包括以下几点：

（1）决定农村股份经济合作社的经营计划和投资方案；

（2）制订农村股份经济合作社的年度财务预算方案、决算方案；

（3）制订农村股份经济合作社的利润分配方案和弥补亏损方案；

（4）制订农村股份经济合作社增加或者减少注册资本的方案；

(5) 决定农村股份经济合作社内部管理机构的设置;

(6) 决定聘任或者解聘农村股份经济合作社经理、副经理、财务负责人及其报酬事项;

(7) 制定农村股份经济合作社的基本管理制度。

农村股份经济合作社董事会除了应当承担对经理人的制约功能,还应当承担维护社员利益的功能。从这一角度出发,董事会的具体权力至少应当包括以下几点:

(1) 召集社员大会会议,并向社员大会报告工作;

(2) 执行社员大会的决议。

(二) 董事会与社员大会的权力界分

农村股份经济合作社董事会与社员大会权力的界分涉及两个主要问题:一是社员大会能否干预董事会行使职权的问题;二是农村股份经济合作社的剩余权力应当归属于董事会还是社员大会的问题。

1. 社员大会不能干预董事会行使职权

社员大会不能干预董事会行使职权,包含两方面的含义:一是,社员大会不能反驳董事会依照商业判断规则就其职责范围内事项所做之决议;二是社员大会不能主动就董事会职责范围内的事项作出决议。主要原因如下:

(1) 社员大会行使董事会职能不具有效益性和效率性。农村股份经济合作社董事会的主要职能在于对经理人行为的制约,制约方式为通过董事会集体决议的方式形成商事活动的决策、制定管理制度对经理人的行为予以约束以及对经理人的行为予以监督等。董事会的这些职能涉及商事运营和日常管理行为的诸多方面,极为繁杂,若均由社员大会就其进行表决,会使社员不堪其扰。农村股份经济合作社的社员除社员身份外,一般均有其他身份,缺乏关注农村股份经济合作社商事运营和日常管理事务的时间和精力。

此外，农村股份经济合作社社员人数众多，相较于董事会，社员大会召开和决议成本巨大，诸事皆由社员大会决议并不具有效率性和效益性。

（2）社员大会行使董事会职能将会导致农村股份经济合作社运行紊乱。实践中，提起临时社员大会召开申请的社员人数要求较少，一般设置为全部社员人数的10%。随着网络投票的普及以及社员大会远程召开模式的推广，每一项董事会决议作出后，不论其实体内容是否合法、形成程序是否合规，均面临着被临时社员大会修改的风险，即董事会作出决议后，该决议无法立刻得到执行，或者立刻得到执行后，有随时面临被终止执行的风险。经营管理决策的不稳定，将导致农村股份经济合作社在瞬息万变的市场经济中丧失竞争力。

如果允许社员大会就董事会职权范围内的事项进行表决，社员大会可能成为部分股东操纵干扰董事会运行的工具，也会导致董事会职能行使主体的待定化。董事会的必要职能将陷入社员大会和董事会双重管辖或无人管辖的尴尬境地，终将陷董事会于非正常运行之中，进而伤害农村股份经济合作社的整体利益。

（3）社员大会行使董事会职能将会伤害农村股份经济合作社对外信用。农村股份经济合作社进入市场进行交易，董事会决议是交易对方选择是否与其开展交易或者进行交易准备的重要参考要素之一。如果交易方基于对董事会决议的信赖已经开始进行交易准备，在此情况下，董事会决议被社员大会修改，将会使交易方陷入不必要的损失之中。

信用是市场经济的灵魂，具有简化复杂，降低交易选择成本的功能。董事会决议的不稳定性对外表现为农村股份经济合作社诚信的缺乏，诚信的缺乏必然增加农村股份经济合作社从事市场交易的成本,有害于农村股份经济合作社的长远发展。

2. 农村股份经济合作社的剩余权力归属董事会

农村股份经济合作社社员大会和董事会职权需要法定化,然而在法律制定过程中,立法者的理性有限,即使调研充分,所获信息也不能全面,加之市场经济和农村股份经济合作社的发展变化具有复杂性和不确定性,立法者难以预见未来,并对其进行一一规定。当在法律规范中列明农村股份经济合作社所有机构的所有权力明显超出理性预期或者存在极为高昂的成本之时,法律规范往往在立法者力所能及的范围内列举一些必要的和可预见的权力,而将剩余不确定的权力总括性地赋予农村股份经济合作社的某一机构。根据不完全契约理论,不论立法者做了多么细致周密的努力,法律规范都不可能完全涵盖农村股份经济合作社社员大会和董事会的所有权力划分,换言之,剩余权力必然存在。[1]

社员大会和董事会权力划分之外,出现权力归属的空白区域。这些剩余权力是由社员大会行使,还是由董事会行使,还是由双方共同行使,一直是"股东大会中心主义"和"董事会中心主义"的核心争议之一。

将剩余权力交由社员大会还是董事会行使,根本考量点在于农村股份经济合作社及社员利益最大化。相较于规模庞大、行动不便的社员大会和道德风险易发的经理人,董事会享有剩余权力具有两方面的优势:一方面,相较于社员,董事会能够更加便捷地获得农村股份经济合作社的经营信息,且具备较强的专业能力,面对瞬息万变的市场情况,能够及时作出应对;另一方面,相较于经理,董事会以集体决议的方式形成决策,

---

[1] 参见[美]奥利弗·哈特等:《不完全合同、产权和企业理论》,费方城、蒋士成译,格致出版社、上海三联书店、上海人民出版社2016年版,第3~6页。

董事个体寻求机会主义损害农村股份经济合作社及社员利益的可能性相对较小。

市场环境复杂多变，农村股份经济合作社董事会行使剩余权力无一定之规，董事会可以根据市场需求，凭借自身经验予以行使。剩余权力的范围极其广泛，法律法规将剩余权力赋予董事会并非无限扩大董事会的权力，也不会出现董事会凌驾于社员大会的情况。一方面，董事的选任权力仍然由社员大会所掌控，另一方面，虽然法律法规将立法者未予遇见的剩余权力总括性地赋予董事会行使，但法律法规应当允许农村股份经济合作社的章程就剩余权力的分割享有自治权力，社员大会可以通过章程就剩余权力予以分割，进而限制董事会对剩余权力的享有。

（三）董事会权力的制度表达

农村股份经济合作社董事会的权力，由法律以"概括+列举"方式予以规定较为适宜。原因如下：

第一，在我国农村股份经济合作社运行过程中，存在着严重的内部人控制问题。在农村集体产权制度改革之前，村支书、村长独自把控农村集体经济组织运行的问题非常严重。即使在农村集体产权制度改革之后，由董事长或者总经理个人控制农村股份经济合作社的情况也屡见不鲜。以法律规范的形式明确规定农村股份经济合作社董事会的权力，明确必须由董事会集体决议的事项范围，能够对董事长或者总经理等个人的权力滥用形成制约。

第二，农村股份经济合作社董事会权力应为相关法律规范的强制性规定而非任意性规定。当前，农村股份经济合作社的建立正处于初始阶段，农民缺乏根据自身意志设计满足自身利益的董事会权力清单的能力。如果允许农村股份经济合作社的章程自行规定董事会的权力，董事长或者总经理极其容易利用信息优势和知识优势引导社员大会制定符合其专断利益的权力清单。

第三，农村股份经济合作社不同于纯粹的私法团体。随着团体自治意识的不断强化，私法团体不断强调团体自治，强调内部规则的自我构建。但是私法自治以完全竞争的市场经济为基础，团体私法自治以开放的成员资格为保障。然而，目前农村股份经济合作社的社员并不具备随时退出的任意性，社员无法通过抛售股份来与损害进行最终对抗。一旦放任农村股份经济合作社自我构建董事会权力规则，农民社员的权益极其容易受损。

（四）董事会权力行使的制约

农村股份经济合作社承载着壮大集体经济的重任，这一要求决定了董事会不仅仅是农村股份经济合作社资产的管理者，更是农村股份经济合作社资产的经营者。市场机会稍纵即逝，商事活动瞬息万变，农村股份经济合作社只有高效运转，才能在市场经济竞争中获得优势地位。从这一角度出发，赋予董事会以极多的决策权力具有合理性。然而，即便董事会采用集体决策的方式能够避免个人的独断和机会主义的发生，但董事会权力的高度膨胀仍然为董事会通过集体决策的方式损害农村股份经济合作社整体利益和社员个体利益提供了可能。

社员、社员大会以及农村股份经济合作社的监督机构和人员以商业判断规则为标准，对董事会权力的行使进行评价，是制约董事会权力滥用的有效路径。商业判断规则（business judgment rule）是美国司法系统通过长期实践所确立的一项判断董事会行为是否合法有效的规则。如果董事会权力的行使符合商业判断规则，则判定有效；如果董事会权力的行使违背商业判断规则，则判定无效。商业判断规则在我国商事法律领域虽然没有被立法认可，但对于公司事务的司法实践起到了相当程度的指导作用。农村股份经济合作社董事会权力行使的制约和董事会决议效力的认定，可以借鉴商业判断规则予以建构。

1. 董事会权力的行使需要以职权范围为界限

董事会在农村股份经济合作社商事经营和日常管理活动中享有广泛的决策权，但其并非享有农村股份经济合作社一切事务的决策权。董事会不得侵犯社员大会所保有的对农村股份经济合作社重大根本事项的决策权力。社员大会所保有的权力应当包括法律规范所明确规定的权力和农村股份经济合作社章程所分割给社员大会的剩余权力。从职权范围来看，董事会权力行使的界限体现为"商业判断"，或曰"经营判断"。

2. 董事会权力的行使需要具有善意

"善意"是法律上使用极广的一个概念，其使用并不仅限于商事法律；在商事法律中，"善意"的使用也并不仅针对董事会。尽管学界对"善意"的内涵和外延有不同的界定，但一般意义指向诚实信用和忠于职守。"善意"是对行为者主观思想的判断，美国司法实践一般通过董事会对程序性事务的遵守或者其他客观方面的表现，来推断其是否具有"善意"。[1] 相关的标准可以包括董事会行为和决议是否违背法律或者农村股份经济合作社的强制性规定、参与表决的董事是否与该事项具有利益关联、董事或者董事会是否对社员进行了欺诈等。

"善意"的推定不仅可以从董事和董事会的故意行为中进行，也可以从其过失行为中进行。农村股份经济合作社董事和董事会在进行决策之时，不能消极对待，应当积极关注农村股份经济合作社的事务，面对超出自己认知范围的决策应当积极

---

[1] See Committee on Corporate Law, A. B. B., "Changes in the Model Business Corporation Act——Amendments Pertaining to Electronic Filings", *Business Lawyer*, Vol. 53, November 1997, pp. 180~181.

向有关人员进行问询等。如果董事对农村股份经济合作社的事务缺乏关心，也可以被认为缺乏善意。

3. 董事会权力的价值取向

农村股份经济合作社利益最大化与全体社员利益最大化具有一致性，却不一定与个别社员利益最大化具有一致性。董事和董事会在决策过程中，应当保持独立性，抵抗个别社员或者其他力量的干预。

关于农村股份经济合作社利益最大化和股东利益最大化的讨论，总有短期利益和长期利益不协调的矛盾。这一矛盾一方面可以通过董事会和社员大会的磨合而不断得以协调，另一方面也可以通过法律法规对农村股份经济合作社进行引导，避免矛盾的发生与扩大。

三、董事会的组成

(一) 董事的资格

农村股份经济合作社的董事，是为农村股份经济合作社董事会的成员，是以集体（董事会）的形式，采取行动，对农村股份经济合作社的商事运营和日常管理进行决策的人。

1. 董事资格的社员身份条件

在农村股份经济合作社董事是否必须具备社员身份这一事项上，实践中的做法并不统一。《宿豫区村股份经济合作社章程（试行）》要求董事会成员一般应当具有社员身份。[1]《扬州市村（社区）经济合作社（股份经济合作社）示范章程（试行）》也认为董事会成员一般应当具有社员身份，但其为村党

---

[1] 参见《关于转发〈宿豫区村股份经济合作社组建工作实施方案〉的通知》，载于宿迁市宿豫区人民政府网站：http://www.suyu.gov.cn/syqxdz/zcwj/201812/61e40737838c4fff9cbfb955356f1bf9.shtml，最后访问时间：2020年7月15日。

组织书记、村主办会计等人员做了资格豁免，其规定以上人员不具有社员身份的，也可以成为董事会成员。〔1〕

　　非社员人士能否成为董事，是全国学术与实践关注的热点问题。不同国家的合作社法与公司法都有分歧。公司法方面大致可以分为三种模式：一是法律明确规定董事必须具有股东资格。如《法国公司法》规定，董事必须拥有股东身份，董事所持股份作为董事承担责任的担保。〔2〕二是法律明确规定董事不必具有股东资格。如《日本商法典》第254条规定："公司不得在章程中要求董事必须具有股东身份。"〔3〕三是法律给予了任意选择模式，即公司法律法规对董事是否必须具有股东身份不做要求。如《德国股份公司法》没有就董事是否应当具有股东资格作出规定，我国《公司法》也未就董事任职资格作出规定。〔4〕

　　是否要求董事必须具备股东身份与各国的立法政策和价值取向有密切关联。理论上说，要求董事具备股东身份，可以加强董事和公司之间的利益关联，激发董事尽职尽责为公司贡献最大的聪明才智。此外，董事所持有公司股份还可以作为董事责任的质押品，如果董事违反信义义务而给公司带来损失，公

---

〔1〕 参见《关于印发〈扬州市村（社区）经济合作社（股份经济合作社）示范章程（试行）〉的通知》，载于扬州市人民政府网站：http://www.yangzhou.gov.cn/xxgk_info/yz_xxgk/xxgk_desc_bm.jsp?manuscriptid=b30c078bbd2f4b47b902a77b54eb7bdc，最后访问时间：2020年7月15日。

〔2〕 参见卞耀武主编：《法国公司法规范》，李萍译，法律出版社1999年版，第59页。

〔3〕 刘成杰译注：《日本最新商法典译注》，中国政法大学出版社2012年版，第75页。

〔4〕 我国《公司法》规定一般的有限责任公司和股份有限公司董事会可以有职工代表，两个以上的国有企业或者两个以上的其他国有投资主体投资设立的有限责任公司，其董事会成员中应当有公司职工代表。这一规定不能理解为我国《公司法》对董事资格的规定。其侧重点在于促进和强调职工对公司事务的参与，必须有职工代表的表述反映了其对董事的股东身份并无硬性要求。

司可以要求就董事的股份获得直接赔偿。[1]随着公司发展对董事专业化、技术化的要求越来越高，越来越多的国家和地区摒弃了对董事股东身份的要求，如我国台湾地区在2001年"公司法"第192条修正时所言，"以股东充任董事，系让董事与公司立于利害相关休戚与共之地位；然此规定，并不能与企业所有权与企业经营管理权分离之世界潮流相契合，且公司之获利率与公司董事由股东选任无特殊关联，故董事不以具有股东身份为必要"。[2]

相较于各个国家和地区公司法上的众多分歧，合作社立法领域意见相对统一。虽然有的国家合作社立法并不要求合作社董事必须具备社员身份，但也要求董事的多数应该具有社员身份。[3]这一立法取向应当是与合作社的特性有关，与公司比较，合作社强调社员对合作社管理的"民主控制"。同时，如果我们横向比较一国之内的公司法律和合作社法律，这一立法取向将会得到更加清晰地呈现。譬如，《德国股份公司法》没有就董事是否应当具有股东身份作出规定，但《德国工商业与经济合作社法》要求，董事会成员必须是合作社社员。[4]我国《公司法》也没有就董事是否应当具有股东身份作出规定，但是我国《农民专业合作社法》要求，董事必须从本社成员中选举产生。[5]同一国

---

[1] 参见沈四宝：《西方国家公司法原理》，法律出版社2006年版，第266页。

[2] 潘成林："董事任免制度研究"，吉林大学2013年博士学位论文，第24页。

[3] 参见刘观来：《合作社治理结构法律制度研究》，中国政法大学出版社2018年版，第180页。

[4] 参见王东光："德国工商业与经济合作社法"，载王保树主编：《商事法论集》，法律出版社2007年版，第319~369页。

[5] 我国《农民专业合作社法》第33条规定："农民专业合作社设理事长一名，可以设理事会。理事长为本社的法定代表人。农民专业合作社可以设执行监事或者监事会。理事长、理事、经理和财务会计人员不得兼任监事。理事长、理事、执行监事或者监事会成员，由社员大会从本社成员中选举产生，依照本法和章程的规定行使职权，对社员大会负责。理事会会议、监事会会议的表决，实行一人一票。"

家对公司董事资格和合作社董事资格的区别对待，大多源于立法政策对合作社"联合所有"以及"民主控制"特性的肯认。

就农村股份经济合作社来讲，随着其进入市场经济竞争环境的不断深入，对专业化经营管理人才的需求会越来越迫切。从本合作社社员中所产生的董事在职业知识和经营管理经验方面均有不足，面对错综复杂的经营管理事务，需要外部专业人士越来越多的帮助。乡村振兴，不仅需要外部资金资源的支持，也需要外部人力资源的支持，农村股份经济合作社的建设不能闭门造车，从外部引进专业人士助力乡村振兴和农村股份经济合作社的重要性毋庸置疑。但是，外部专业人士对农村股份经济合作社的帮助，并不需要以成为董事、享有董事表决权为必要实现条件。外部专业人士可以担任农村股份经济合作社的经理人。董事会也可以聘请专家甚至成立专家委员会为董事会提供咨询。

是否允许不具有社员身份的外部人员成为农村股份经济合作社董事会成员，问题的实质分歧并不在于董事会能否获得外部支持，而在于董事会的决策权能否与外部人员共享。本书认为董事会的决策权不宜向外部人员开放，主要原因有四：

第一，农村问题错综复杂，外部人员对农村股份经济合作社所依托的人文环境、资源环境、社会环境、文化环境等均缺乏深入地了解，所做决策容易脱离群众，脱离实际，容易犯"本本主义"的错误。

第二，外部人员与农村股份经济合作社缺乏联结。这种联结既包含资本层面的利益联结，也包含情感层面的乡土联结。外部董事人员流动性很大，相较于本土社员，其并不受制于乡土联结和熟人社会所产生的道德约束，利用机会主义侵害农村股份经济合作社以及农民权益的道德风险较高。外部人员在决策时，也更容易受到农村股份经济合作社内外不同利益方的争取。

第三，农村股份经济合作社的董事若由社员选举产生，社员与董事的关系不论作委托代理说、信托说抑或任何其他理论层面的解释，董事所作出的表决在一定程度上是能够反映社员意见的，董事会上董事意见的碰撞也是社员意见的交流。董事来自社员，董事会决议能够更多地反映社员的意见，董事会所形成的决议也更容易被全体社员所接受。

第四，大多数对董事社员身份要件进行豁免的农村股份经济合作社的主要目的都在于使董事会能够纳入乡镇委派干部或者非本社社员的党支部成员，如《扬州市村（社区）经济合作社（股份经济合作社）示范章程》的规定。笔者认为这一做法并不妥当。农村股份经济合作社的发展离不开中国共产党的领导，也离不开乡镇政府抑或更高层政府的扶持指导，但是促进"政经分离"也是当前农村集体产权制度改革的重要任务之一。组织机构独立是农村股份经济合作社实现法人独立的必然要求，由农村股份经济合作社的社员从内部选举董事组成董事会管理自己的事务能够更好地实现农村股份经济合作社的组织机构独立和法人独立。我们需要从立法层面为基层政府和基层党组织构建参与农村股份经济合作社发展的渠道，把相关人员硬塞进董事会，进而控制董事会、控制农村股份经济合作社的做法无疑欠妥。长此以往，农村股份经济合作社必然难以脱离"提款机""输血机"的命运。

综上所述，本书认为，农村股份经济合作社的董事均应当具有社员身份。不具有社员身份的外部专家可以通过咨询渠道为董事会提供专业意见，而不宜享有表决权。

2. 董事资格的民事行为能力条件与品行条件

农村股份经济合作社董事的资格，除了社员身份条件，还包括民事行为能力条件与品行条件等。

农村股份经济合作社的董事应当具有完全的民事行为能力。这是各国合作社法的立法通例。只有具备完全的民事行为能力，才能够切实行使董事的权利和权力，履行董事的义务，并承担董事的责任。我国《农民专业合作社法》没有明确规定董事的年龄条件，但其要求董事必须具有社员身份，而该法要求必须具有民事行为能力才能成为社员，也是间接地对董事的民事行为能力提出了要求。《农民专业合作社法》的不足之处是该法未区分完全民事行为能力和限制行为能力。相较之下，我国《公司法》的规定则更为明确，可以提供借鉴。该法要求，无民事行为能力或者限制民事行为能力之自然人不得担任董事，只有具备完全民事行为能力才能够担任董事。

农村股份经济合作社的董事还应当具有良好的品行和相应的能力，品行不端抑或能力不足之人不能担任农村股份经济合作社的董事。关于品行条件的设置可以参照我国《公司法》的规定。[1]

（二）董事的产生与任期

由社员大会提名产生董事组成董事会，是保证农村股份经

---

[1] 我国《公司法》第146条就高管人员的资格禁止进行了规定："有下列情形之一的，不得担任公司的董事、监事、高级管理人员：（一）无民事行为能力或者限制民事行为能力；（二）因贪污、贿赂、侵占财产、挪用财产或者破坏社会主义市场经济秩序，被判处刑罚，执行期满未逾五年，或者因犯罪被剥夺政治权利，执行期满未逾五年；（三）担任破产清算的公司、企业的董事或者厂长、经理，对该公司、企业的破产负有个人责任的，自该公司、企业破产清算完结之日起未逾三年；（四）担任因违法被吊销营业执照、责令关闭的公司、企业的法定代表人，并负有个人责任的，自该公司、企业被吊销营业执照之日起未逾三年；（五）个人所负数额较大的债务到期未清偿。公司违反前款规定选举、委派董事、监事或者聘任高级管理人员的，该选举、委派或者聘任无效。董事、监事、高级管理人员在任职期间出现本条第一款所列情形的，公司应当解除其职务。"

济合作社组织机构独立性和社员民主控制的必然要求，但实践中某些农村股份经济合作社要求董事必须经过基层党组织或者农村集体资产管理等政府部门的提名和考察。有的农村股份经济合作社要求董事会成员需要报上一级党组织审查备案，如福建省福州市《晋安区村级股份经济合作社示范章程》要求"理事会成员候选人名单应报所在乡镇（街道）党组织审查备案"。[1]有的农村股份经济合作社的董事会成员地提名需要有党组织和上级政府部门参与，如北京市《海淀区人民政府关于农村集体资产管理的意见》规定"董事会的成员人员可由社员代表、同级党组织或上级集体资产管理部门提名，经上级党组织（或委托本级党组织）考察后，提交社员代表大会选举产生"。[2]还有的农村股份经济合作社的董事会成员甚至需要经过乡镇党委的审批，如北京市《通州区农村社区股份合作社规范化管理实施办法（试行）》。[3]

董事会实行董事长负责制，董事会均设有董事长，可以设立副董事长。有的农村股份经济合作社以全体董事过半数表决的方式产生董事长，如《深圳经济特区股份合作公司条例》规定，董事长由全体董事过半数同意当选。[4]有的农村股份经济

---

[1] 参见《晋安区村级股份经济合作社示范章程》，载福州市晋安区政府网站：http://jaq.fuzhou.gov.cn/xjwz/zwgk/zfwj/qzfwj/201902/t20190219_2763518.html，最后访问时间：2020年7月15日。

[2] 参见《海淀区人民政府关于农村集体资产管理的意见》，载北京市人民政府网站：http://www.beijing.gov.cn/zfxxgk/11F000/gzdt53/2012-05/04/content_302629.shtml，最后访问时间：2020年7月15日。

[3] 参见《通州区农村社区股份合作社规范化管理实施办法（试行）》，载中华人民共和国农业部网站：http://jiuban.moa.gov.cn/sjzz/jgs/gzjl/201107/t20110713_2052028.html，最后访问时间：2020年7月20日。

[4]《深圳经济特区股份合作公司条例》第53条规定："董事会设董事长一人、副董事长一至二名、董事长、副董事长由全体董事过半数同意当选。"来源于北大法宝数据库。

合作社按照上级党组织地提名，以社员大会或者董事会过半数表决的方式产生董事长，如北京市《海淀区人民政府关于农村集体资产管理的意见》规定，董事长的人选由上级党组织提名，由社员代表大会或董事会选举产生。[1]有的农村股份经济合作社被直接指定董事长，如福建省福州市《罗源县村级股份经济合作社示范章程》规定，农村股份经济合作社的董事长应当由村党组织书记担任。[2]

　　实践中，基层党组织和政府干预农村股份经济合作社董事和董事长产生的主要考量，是担心农村股份经济合作社社员大会或者董事会自行选任出来的董事和董事长在能力和品行上不能担此重任，选举为少数不法分子或者恶霸势力所操纵。本书认为这一担心非常必要，但不宜采取措施事前干预。事前干预有可能变相成为基层党组织或者基层政府指定董事会成员和董事长的手段，无法保障农村股份经济合作社董事会的独立性。

　　农村股份经济合作社尚处于初建阶段，相较于市场经济的其他参与主体，农民更缺乏运用现代企业制度进行商事运营的经验。基层党组织和基层政府对于农村股份经济合作社董事会成员和董事长的产生乃至董事会运行的监督确有必要。笔者认为，可以通过两个渠道落实监督，一是立法，由法律法规对农村股份经济合作社董事和董事长的选任条件进行细致的规定；二是审查，由基层党组织和基层政府按照法律的规定对由社员大会选举的董事和董事会选举的董事长予以审查，如果选任人

---

〔1〕 参见《海淀区人民政府关于农村集体资产管理的意见》，载北京市人民政府网站：http://www.beijing.gov.cn/zfxxgk/11F000/gzdt53/2012-05/04/content_302629.shtml，最后访问时间：2020年7月15日。

〔2〕 参见《罗源县村级股份经济合作社示范章程》，载福州市罗源县人民政府网站：http://www.luoyuan.gov.cn/xjwz/zwgk/zfxxgkzl/xrmzf/rmzf/gkml/xzfggzhgfxwj/201907/t20190701_2929480.html，最后访问时间：2020年7月20日。

员符合法律的规定,基层党组织和基层政府不得变更;如果选任人员违反了法律强制性规范的明确要求,基层党组织和基层党委应当在审查过程中要求农村股份经济合作社予以重新选任。

我国《农民专业合作社法》未就董事的任期作出规定。我国《村民委员会组织法》和《村民委员会选举法》规定,村委会的每届任期为3年,任期届满,可以连选连任。我国《公司法》规定,董事的任期为3年,任期届满,可以连选连任。农村股份经济合作社董事的任期也可以因循公司法律和农村基层自治法律的成例,设置为3年。

农村股份经济合作社董事在任期届满前辞职,或者董事任期虽然届满,但是由于社员大会召开不及时,或者社员大会出现僵局未能选出新的董事,在任已到期董事应当继续履行职务直至新的董事就任。

(三) 董事的权利、义务与责任

1. 董事的权利

自董事和董事会制度诞生起,董事的大多数权利(如决策权)便被董事会所吸收。法律明确董事的权利,能够加强董事会集体的战略决策能力和对董事长或者总经理经营管理权的制约,董事的权利应当包含以下几项:

(1) 出席农村股份经济合作社董事会的权利。出席农村股份经济合作社董事会会议,既是董事的义务,也是董事的职责,也是董事的权利。

(2) 表决权。董事会以团体决议的方式行使权力,就农村股份经济合作社的商事运营和日常管理事务进行决策。农村股份经济合作社董事会的决议,除非法律和农村股份经济合作社章程另有规定,全体董事过半数通过即可。董事地位平等,每一名董事享有一个投票权,实行"一人一票"原则。

(3) 临时董事会会议召集请求权。有的农村股份经济合作社董事会每月召开一次,有的每个季度召开一次。但是,如果遇到紧急事情,董事长或者一定数量的董事也可以提议召开临时董事会。如我国《公司法》第110条规定,1/3以上的董事可以提议召开临时董事会。这就是董事的临时董事会召集请求权。

(4) 知情权。农村股份经济合作社董事和董事会要作出科学的决策必然要以真实、准确、完整以及及时的企业信息和市场信息作为依据,正如英国自由主义大师哈耶克曾言,"人们作出的任何决策都是基于给定的信息"。[1]充分的信息是科学决策的基础,董事个体的知情权是董事会团体决策不可或缺的重要保障。赋予农村股份经济合作社董事以充分的知情权,并确保其得到行使,是农村股份经济合作社董事会科学决策的重要保障。

(5) 报酬请求权。我国《农民专业合作社法》未就董事的报酬予以规定。《德国工商业与经济合作社法》第24条第3款规定"可以向董事会成员支付或者不支付报酬"。笔者认为,农村股份经济合作社要在市场经济的竞争之中实现发展壮大,严重依赖于其经营管理人员的辛劳付出,立法应当明确规定农村股份经济合作社应以有偿雇佣为原则。各个农村股份经济合作社还可以在章程中就绩效激励机制作出额外规定。

2. 董事的义务

董事的义务,常常被称为"受信义务"。长期以来,人们一直试图用委托代理理论或者信托理论来解释董事的受信义务。"现在看起来,公司中的受信义务源自信托关系还是代理关系,

---

[1] [奥]冯·哈耶克:《个人主义与经济秩序》,贾湛等译,北京经济学院出版社1989年版,第74页。

已经不是很重要了。"[1]企业中的经营管理者需要对企业承担受信义务,已经成为共识,并被具体的企业法律制度所确认。董事的受信义务具体可以分为注意义务和忠实义务。"从本质上说,合作社董事的义务,与公司董事的义务具有同一性。"[2]农村股份经济合作社董事义务构建理应以公司法董事受信义务为框架,实事求是地结合农村股份经济合作社的特点,在此基础上,稳妥地进行。

农村股份经济合作社董事受信义务的对象是农村股份经济合作社和全体社员。农村股份经济合作社与全体社员利益具有一致性,农村股份经济合作社利益的最大化就是全体社员利益的最大化。董事对农村股份经济合作社的义务也是对社员的义务,其区别在于,是对社员整体的义务,而非对个别社员或者某一部分社员的义务。

有的学者认为农村股份经济合作社不同于纯粹的私法主体,农村股份经济合作社不仅追求经济利益,而且追求社会利益。农村股份经济合作社并非单纯的私人部门,而是承担了很多社会责任的新型集体经济组织。农村股份经济合作社的经营管理人员应当综合考虑职工、客户、债权人以及所在社区的利益,董事对以上各方主体均负有受信义务。笔者对此持不同看法。首先,农村集体产权制度改革和农村股份经济合作社建立的首要目的在于壮大集体经济和增加农民收入,追求农村股份经济合作社和农民社员利益最大化具有合理性。其次,职工、客户、债权人以及所在社区的利益均可以通过市场得到配置。但是农村股份经济合作社的股权并不具备完全的流动性,社员不能够

---

[1] 施天涛:《公司法论》,法律出版社2018年版,第406页。
[2] See James Baarda, *Co-op Directors Held to High Standards*, Rural Cooperatives, 2002, 9.

通过"用脚投票"这一市场机制来实现对董事的制约。在此情形下，强调董事对社员的义务更有必要性。最后，对农村股份经济合作社的董事苛以对利益相关者的义务，不具有可执行性。如果让董事对农村股份经济合作社的所有利益相关者都承担受信义务，可能导致董事对谁都不承担责任。若董事会以此为借口行使毫无限制的自由裁量权，最终将损害农村股份经济合作社、社员以及利益相关者的利益。笔者认为仅应当从农村股份经济合作社和社员利益至上角度来评价董事的受信义务。

（1）忠实义务。科以董事忠实义务，旨在克服董事的贪婪和自私行为，避免董事与农村股份经济合作社之间、董事与社员之间的利益冲突。农村股份经济合作社的董事违反忠实义务的行为主要表现在两个方面：一是将自己的利益置于农村股份经济合作社和社员利益之上；二是利用职权为自己谋利。关于董事的忠实义务，不少国家与地区的合作社法与公司法都作出了明确的规定。[1]综观各国的立法与实践，董事的忠实义务具体涉及以下几个方面：

第一，自我交易。自我交易的经典定义见于《美国公司法》："董事、高管等经营管理人员在为公司实施交易时，知道本人或者关联人是该交易的相对人或者与该交易存在经济利益，

---

[1]《瑞士债法典》第902条第1款规定："董事负有对合作社事务竭忠尽智，并尽其所能地实现合作社宗旨的义务。"《日本农业协同组合法》第31条-2第1款规定，董事应当"忠实地为组合而履行他的职务"。我国《农民专业合作社法》第36条规定："农民专业合作社的理事长、理事和管理人员不得有下列行为：（一）侵占、挪用或者私分本社资产；（二）违反章程规定或者未经社员大会同意，将本社资金借贷给他人或者以本社资产为他人提供担保；（三）接受他人与本社交易的佣金归为己有；（四）从事损害本社经济利益的其他活动。理事长、理事和管理人员违反前款规定所得的收入，应当归本社所有；给本社造成损失的，应当承担赔偿责任。"第37条又进一步规定："农民专业合作社的理事长、理事、经理不得兼任业务性质相同的其他农民专业合作社的理事长、理事、监事、经理。"

并且人们有理由相信该种利益的存在将会对董事、高管的判断产生影响。"[1]根据该定义，自我交易一般具有如下特征：①经营管理人员直接或者间接与所在公司发生交易；②经营管理人员直接或者间接与该交易存在经济利益关系；③自我交易导致了经营管理人员与公司的利益冲突；④自我交易具有重要性。[2]自我交易在早期法律中被完全禁止，后在20世纪经历了从禁止到允许的转变。究其原因，是立法者发现，自我交易并不必然给企业带来损害，甚至能够使企业获益。我国《公司法》第148条就自我交易作出规定，认为经营管理人员与本公司进行交易，需要符合章程的规定，或者得到股东（大）会的同意。我国公司法的这一规定与国际惯常做法一致。唯一值得讨论的问题在于，董事会是否具有肯认经营管理人员自我交易的权利？笔者认为，农村股份经济合作社股权分散，因经营管理的需要，权力已多集中于董事会和总经理之手，内部人控状况相当严重。董事会存在被收买的可行性，若允许董事会对自我交易行为进行肯认，产生道德风险的可能性极大。因此不宜赋予董事会肯认自我交易的权力。

第二，管理报酬。管理报酬可以表现为薪水、股票期权和其他激励性报酬安排。笔者在上文中就三个相关问题予以了讨论并得出结论。①法律应该明确农村股份经济合作社经营管理人员工作的有偿性，由社员大会决定其报酬。②法律应当禁止农村股份经济合作社经营管理人员以经营管理股的方式获得激励。经营管理股以现金为载体，在经营性资产估价偏低的当下，现金股具有拉大两极分化、摊薄集体资产升值红利的弊端。农村股份经济合作社应当控制现金类股权的总体数额和差异性分

---

[1] 参见《美国标准公司法》，8.60 (1) (i)。
[2] 施天涛：《公司法论》，法律出版社2018年版，第437页。

配。而经营管理股的存在会产生并加大现金股配置的差异化。③法律应当允许各个农村股份经济合作社根据自身情况给予经营管理人员以绩效奖励。

第三，商业机会。商业机会，是指与农村股份经济合作社相关的商业机会。我国《公司法》第148条规定，经营管理人员不得在未经股东（大）会同意的情况下，利用职务便利谋取属于公司的商业机会。相较于公司，农村股份经济合作社经营管理人员篡夺商业机会的认定存在较大困难。农村股份经济合作社业务具有复合性，合作社业务经常与农民个人业务形成重合。担任农村股份经济合作社经营管理岗位的多是当地的致富能人，其自家业务难免与集体组织的业务存在交叉。甚至有时利用经营管理人员个人的商业机会服务于集体。因此，合作社经营管理人员篡夺商业机会的认定着实存在困难。

关于忠实义务的其他规定。我国《公司法》第148条还从其他方面就忠实义务作出了要求，可以给农村股份经济合作社立法提供借鉴。①经营管理人员不得挪用资金；②经营管理人员不得另立账户；③经营管理人员不得接受他人与公司交易的佣金；④经营管理人员不得擅自披露公司秘密。

（2）注意义务。我国《公司法》没有使用注意义务一词，使用的是勤勉义务，却没有进一步规定其审查标准和具体制度。相较之下，英美法中"注意义务"表意更加清晰、支撑制度更加完善，并且能够更好地跟侵权责任中的过失侵权制度接轨。所以笔者借鉴"注意义务"的用语和其制度构建。

《美国标准公司法》将注意义务提炼为三个方面，分别是：善意；注意；以公司最佳利益为目标。善意是侵权责任里过失原则的主观体现。如果农村股份经济合作社的经营管理人员明知其行为将会对集体产生不利后果而故意放任或者因为疏忽而未预见应该预见之事项，则推断经营管理人员存在"恶意"。注意义务要求农村股份经济合作社的经营管理人员能够尽到普通人在类似情况下所应尽到的注意。注意义务包含自身的勤勉义务和对其他经营管理人员违规行为的监督义务。在后一情况下，农村股份经济合作社的经营管理人员不尽职则为失职，并需要就此承担损害赔偿责任。以企业最佳利益为目标，要求农村股份经济合作社的经营管理人员像管理自己的事务一样对待其所管理的农村股份经济合作社事务。当其被质疑时，能够证明其所作出的商业决策对农村股份经济合作社的适当性。

3. 董事的责任

违反义务产生法律责任，责任是义务得以履行的有效保障。如前所述，董事对农村股份经济合作社及全体社员负有忠实义务和注意义务，当董事违反这两项义务，导致农村股份经济合作社利益受损时，董事应当承担损害赔偿责任。

董事负担的忠实义务和注意义务是由具体法律法规所明确规定的法定义务，董事因违反忠实义务或者注意义务所承担的违信义务实际上是一种侵权责任。与一般侵权责任的归责原则相似，判断董事是否需要承担责任，应当从董事的违法行为、过错、实际损害的发生以及行为与损害之间的因果关系四个方面予以考虑。

农村股份经济合作社董事承担违信责任的形式可以分为两种：一是给农村股份经济合作社造成损失，需要就损失进行赔偿；二是将董事篡夺商业机会的不当得利归入农村股份经济合作社所有。

第三节 经 理

一、经理的界定

"经理"一词，在《现代汉语词典》里被释义为"某些企业的负责人"。[1]"企业的负责人"在日常生活中还常被人们称呼为"总经理""总裁""首席执行官""高管"等。同时，经理又有"总经理""部门经理""项目经理"等各种使用方式。"经理"是在企业活动中被滥用的最为严重的一个名词。科学地界定概念是严谨讨论的基础，在开始本节研究之前，我们先从法律层面就"经理"的内涵进行阐释。

在英美法系中，"经理"一词的使用也非常混乱，因为其很少有成文法来专门进行概念界定。在判例中，"Manager""Officer""President"都是惯用表达。英美法侧重于从功能角度对"经理"这一职位进行阐述，如我国香港地区"公司条例"规定，经理是"在董事会之下行使管理职能的人，但不包括公司财产的接管人及根据清盘人申请由法院委任的在公司清盘过程中管理公司业务或财产的特别经理"。[2]

在大陆法系中，经理作为私法团体的有机组成，常见于各国民商法律规范中。有的国家和地区立法倾向于从经理与商人或者经理与所有者的契约关系角度进行阐释，具有浓厚的行为法色彩。如《意大利民法典》将经理定义为"接受企业主的委

---

[1] 中国社会科学院语言研究所词典编辑室编：《现代汉语词典》，商务印书馆1992年版，第599页。
[2] 参见我国香港地区"公司条例"第165条。

托经营商业企业的人";[1]有的国家和地区立法倾向于从经理在商事组织中的身份地位角度进行阐释，具有浓厚的主体法色彩。如《日本商法典》规定："经理人是指在代理业主的营业活动方面，具有从事诉讼内和诉讼外所有行为的概括代理权限的商业使用人";[2]我国《公司法》虽未对经理进行定义，但其直接就经理的职权进行规定，可见立法者倾向于界定经理在公司中的身份。

不同的立法阐释角度隐含着不同的立法价值，联结着不同的制度安排。倾向于从契约角度阐释经理概念的国家，侧重于规范设置的任意性，给予所有者和经理以契约调整权利配置的空间。倾向于从主体角度阐释经理概念的国家，侧重于规范设置的强制性，强调经理行权的制度保障。相较而言，以契约角度为基础的制度构建更加强调所有者对经理的控制，更加注重所有者保护的安全理念；以身份角度为基础的制度构建更加强调经理自主的商业判断权，更加注重商事组织运营的效率理念。

笔者尝试从内涵与外延两个角度对本书所论之"经理"一词进行界定。从内涵角度来看，经理指在商事组织中负责经营管理职责的人。从外延角度来看，经理仅限于"总经理"，即对商事组织经营管理负总揽职责之人，不包括副总经理、部门经理、项目经理等。

二、经理的法律地位

法律地位是法律关系主体权利和义务的实际体现。剖析农

---

[1] 费安玲等译：《意大利民法典（2004年）》第2203条，中国政法大学出版社2004年版，第514页。

[2] 《日本商法典》第38条。参见刘成杰译注：《日本最新商法典译注》，中国政法大学出版社2012年版，第103页。

村股份经济合作社经理的法律地位,有助于厘清经理与各方主体的法律关系,明确农村股份经济合作社经理的权力、权利和义务。

(一) 经理是农村股份经济合作社的执行机关

将经理作为法人的执行机关,在学理上具有争论。有的学者持否定的观点,认为董事会是法人的业务执行机关,经理仅是法人业务执行机关所雇佣之人。如学者王丽玉认为,经理是"基于委任关系,受公司业务执行机关或代表机关之指示或授权,而代表处理事务之人"。[1]有的学者持肯定态度,认为经理是法人"章定、任意、常设之业务执行机关"。[2]这一争论包含两个问题,首先,经理是否是法人的机关? 其次,如果经理是法人的机关,是何种机关? 这两个问题的重要分歧点在第一个问题,而第一个问题的核心争议点在于经理的权力来源。"法人的机关是指根据法律或法人章程的规定,能够对外代表法人从事经营活动的个人或集体。"[3]如果经理的权力来自董事会,则经理仅是受董事会指示或者授权之人,如果经理的权力来自法律规定、农村股份经济合作章程规定或者社员大会协议授权,那么,经理就是法人的机关。

笔者认为,从逻辑上来讲,法律的作用,不是发现经理的权力来源于何处,而是决定经理的权力产生于何处。农村股份经济合作社经理权来源的设置应当与我国《公司法》对经理权来源的设置具有根本不同,因为二者在权力配置中所面临的核心矛盾完全不同。《公司法》立法时权力配置中的核心矛盾是控

---

[1] 王保树、钱玉林:"经理法律地位之比较研究",载《法学评论》2002年第2期,第40页。

[2] 柯芳枝:《公司法论》,三民书局1991年版,第51页。

[3] 佟柔主编:《中国民法学·民法总则》,中国人民公安大学出版社1990年版,第163页。

股股东与中小股东的权力矛盾。在存在控股股东的情况下，经理权力不论来源于董事会还是股东会，从根本上讲，经理都唯控股股东意志是从。在没有根本区别的情况下，《公司法》设计由董事会任免经理更富有效率性。然而，农村股份经济合作社股权高度分散，不存在控股社员，农村股份经济合作社权力配置中的核心矛盾是所有者与经营管理者之间的矛盾。经理权来源于社员，则经理听命于社员；经理权来源于董事会，则经理听命于董事会。将经理的任免权力赋予董事会，则董事会和经理二者在意志上具有一致性，容易共谋损害所有者的权力。将经理的任免权力赋予社员大会，则可以使得董事会和经理在经营管理权的行使中形成分权和制衡，从而实现社员利益的最大化。再者，如果将经理的权力来源配置于董事会，则在经营者损害所有者权力之时，所有者无法直接解聘经营者而为救济，因为经营者的权力并非来自所有者。

早期经理权力来源的变迁，也可以反映出股东会和董事会对经理的争夺。在早期的英格兰银行中，由业主庭（相当于股东大会）任免总经理，到了美国第一银行时期则由董事会来任免总经理。这种变迁的主要原因在于"董事们在公司中拥有最实质性的利益，为了保护他们自己的利益而故意将选任总经理的权利放在了董事会"。[1]

以农村股份经济合作社股权结构的特点为出发点，以农村股份经济合作社权力配置的核心矛盾为考量，以农村股份经济合作社社员权益保护为价值导向，笔者认为，应当将经理的权力来源设置为法律、章程或者股东大会。如此，才能保障经理成为农村股份经济合作社的法人机关。

---

[1] See Cyril O'Donnell, *Origins of the Corporate Executive*, 26 Bull. of the Bus. Hist. Soc. 59, (1952), Franklin A. Gevurtz.

经理和董事会共享经营管理权,如董事会权力部分所详述,应当由董事会承担经营管理的决策权,由经理承担经营管理的执行权。由董事会以集体表决的形式形成决策可以制衡个人决议的独断。董事会是会议的形式,能够形成决策,但没有办法以集体的方式去执行决策,所以需要由经理这个自然人来予以具体执行。

(二) 经理是农村股份经济合作社的必设机关

我国澳门特别行政区《商法典》第 64 条规定:"经理系指商业企业主委托的经营企业之人,该委任得按商业习惯以任何职务名称为之。"[1]农村股份经济合作社作为拟制的人格主体,董事会作为会议体,均无法具体执行农村股份经济合作社的任何决策。农村股份经济合作社的商事运营和日常事务管理必须依托于具体的自然人。不管该自然人以何命名,均是农村股份经济合作社运行所必需的。

以法律的形式将经理设置为农村股份经济合作社的必设机关具有必要性。在我国目前的农村股份经济合作社运行实践中,经理由两种人担任:一种是外聘的职业经理人,另一种是董事长兼任的总经理。在董事长兼任总经理的情况下,会产生经理反控董事会的情形,董事会将完全丧失对经理权力制约的功能。如果法律不明确将经理设定为必设机关,则经理以董事长之外观反控董事会的情形将会被掩盖。

(三) 经理是农村股份经济合作社的代表机关

经理作为农村股份经济合作社经营管理中的具体执行机关,需要以农村股份经济合作社的名义对外进行活动,按照现代法人的代表理论,经理行使职权的效果直接归属于农村股份经济

---

[1] 赵秉志总编:《澳门商法典》,中国人民大学出版社 1999 年版,第 34 页。

合作社。

区别于一般的民事代理权,商事法律在构建经理代表权之时,更加侧重于代表权的权力外观设计和第三人的信赖利益保护。对此,大陆法系国家和英美法系国家所持立法价值相同。德、日、法等大陆法系国家的商事法都在不同程度上区分了经理权的对内对外效力,认为商事组织法人可以以章程、股东大会或者契约的形式就经理的职权作出限制,但这一限制仅具有内部性,不得对抗善意的第三人。英美法则以"表见代理"制度对经理的实际代理权进行了扩展,第三人可以基于过往交易经历来对经理所行使的权力产生合理的信赖。

三、经理的权力

作为农村股份经济合作社中的一个特殊独立主体,经理的权利主要表现在与农村股份经济合作社内部各主体以及农村股份经济合作社之外第三人之间的各种交往关系中。本书借鉴大陆法系所构建之"经理权"对农村股份经济合作社的经理权力进行解读。

《德国商法典》第49条所做之规定为"经理权"之经典概念,其将经理权定义为,"被授予实施进行营业经营所产生的诉讼上和诉讼外的一切种类的行为和法律行为",[1]"经理权作为经理在法律、章程或契约所规定的范围内辅助执行公司业务所需要的一切权利",[2]包含了对内的经营管理权和对外的代理权。

(一)经理的对内权力

农村股份经济合作社经理对内的经营管理权主要体现为执

---

[1] 杜景林、卢湛译:《德国商法典》,中国政法大学出版社2000年版。
[2] 赵旭东主编:《公司法论》,人民法院出版社2005年版,第402页。

行权。农村股份经济合作社的经营管理权由董事会和经理分享。董事会享有经营管理中的决策权,经理享有经营管理中的执行权。

董事决策权的范围和经理执行权的范围不是绝对的,而是相对的。任何事务的执行过程和管理过程都包含着决策的过程。经理的经营管理权和董事会的经营管理权之间是此消彼长的关系。经理的执行权和执行过程所需的决策权以何为限,具有非常明显的个体化特征,需要担任经理之人与董事会这一组织机构在农村股份经济合作社的运作过程中不断磨合。

我国《公司法》第49条就经理的职权进行了列举式规定,看似细致,效果却反而不如简洁概括的方式,因为经理对内权力的界限并非法律所可界定。笔者建议在农村股份经济合作社立法中,可以对经理权力做概括式规定。

(二) 经理的对外权力

农村股份经济合作社经理对外的权力主要体现为代理权。大陆法系国家倾向于在民法典总论或者商法典总论中就经理权作出规定,其规定可适用于农村股份经济合作社经理权的分析。大陆法系国家一般均使用"一切""最广泛"等词语作为核心表达词汇,如《日本商法典》第38条规定:"经理人有代替业主实施有关营业的一切诉讼上或诉讼外的行为的权限。"[1]《韩国商法》第11条规定:"经理可以代替业主进行与营业相关的诉讼中或者诉讼之外的一切行为。"[2]对于公司外部第三人,除了法律具有明文例外规定,可以将经理的权利视为一切与营业有关的权力。需要强调的是,经理权的代理不同于一般代理权。商法更加侧重于交易的保护和第三人合理信赖利益的保护。

---

[1] 卞耀武主编:《日本国商法》,付黎旭、吴民译,法律出版社2000年版。

[2] 吴日焕译:《韩国商法》,中国政法大学出版社1999年版。

值得强调的是农村股份经济合作社经理权的对外效力范围不应突破经营管理权之范畴。一方面，专属于企业所有者的权利，法律规定由社员大会和董事会决议行使的事项，绝对不在经理权的范畴之内。另一方面，经理的个人事务与企业无关，第三人不得主张企业承担责任。再一方面，大陆法系法律就经理经营管理权作出特殊限制的做法也可以为我们所借鉴，如《意大利民法典》第 2204 条规定"如果未经明确授权，经理不得转让或者抵押企业的不动产"；《德国商法典》规定："对于不动产的转让与抵押，只有当经理人被专门授予这方面的权限时，他才有权处理该事务。"在农村股份经济合作社中，除了一般意义上的不动产，还涉及"三权"分置框架下的经营管理权流转，集体土地承担着农村农民的社会保障功能，不得轻易处分，可以以立法的形式予以明确排除。

三、经理的约束机制与激励机制

经理享有广泛的对内和对外权力。经理无论由农村股份经济合作社社员兼任还是从外部聘任，都存在违信背德、利用机会主义损公肥私，为了追求自身利益最大化而置农村股份经济合作社利益于不顾的情形。为了保障农村股份经济合作社和社员的合法权益，必须构建科学有效的经理权力约束机制。但是由于委托者与被委托者之间信息不对称情况的存在以及契约的不完全性，单纯的权力约束机制只能解决一部分问题而非全部问题。我们在构建权力约束机制的同时，需要根据经济学中经济人的假设与管理学中自我实现的假设原理，对经营者实施激励。约束机制和激励机制的共同发力，将能够在一定程度上降低代理成本。

（一）约束机制

农村股份经济合作社经理的约束机制可以从内部和外部两

个层面予以构建。所谓内部约束,是指农村股份经济合作社和经理之间所形成的相互的约束关系和约束机制;外部约束,是指在农村股份经济合作社和经理之外,由国家、社会和市场等各种相关要素协同发力所形成的对经理人的约束机制。

1. 内部约束

农村股份经济合作社经理的内部约束机制,可以从章程约束、合同约束、组织机构运行机制约束等方面予以构建。

(1) 农村股份经济合作社章程约束。农村股份经济合作社章程是农村股份经济合作社进行私法自治的"小宪法"。农村股份经济合作社章程应当在法律规定的基础上,根据自身情况,对农村股份经济合作社中的各种利益主体的权利、义务和责任作出细化规定。

农村股份经济合作社章程对经理的约束主要体现在对董事会和经理的经营管理权划分和对经理信息披露的要求两个方面。农村股份经济合作社章程可以将经营管理中的重要事项,明确列示为董事会集体决议事项,经理不得依个人意思予以决断。如对外投资和对外担保的限额、资产处置、经理信息披露制度等。

(2) 合同约束。此处所指合同,是指农村股份经济合作社聘用经理时双方所签订的任职合同。不论是从农村股份经济合作社社员内部产生的经理,还是从外部聘任的经理,农村股份经济合作社均应与其签订任职合同。任职合同需要对经理聘任、解聘以及其他权利、义务和责任做明确的约定。尤其是当经理离开农村股份经济合作社之时,对农村股份经济合作社在商业秘密,专利技术和竞争压力等方面应当附有忠实义务。

农村的发展需要国家的支持,国家可以集中专家力量,制定示范合同样本,帮助农村股份经济合作社和经理建立合同约定。

（3）组织机构运行机制约束。组织机构运行机制约束，是指农村股份经济合作社应当按照自身特点和实践情况不断完善经营管理制度，保障董事会有能力协调农村股份经济合作社与经理之间的关系，保障监事会有权力监督经理的行为，保障经理在董事会协调和监事会监督中富有效力地开展经营管理工作。

2. 外部约束

农村股份经济合作社经理的外部约束机制，可以从法律约束、市场约束、道德约束等方面予以构建。

（1）法律约束。对农村股份经济合作社经理的法律约束有两种。一方面是一般立法的法律约束，如刑法、民法、知识产权法、劳动合同法、环境保护法等。这些法律能够为农村股份经济合作社经理提供基本的法律约束。另一方面，是农村股份经济合作社的特别立法约束。国家应当制定专门的农村股份经济合作社法对农村股份经济合作社的法律问题予以规定，其中，应当有专门的条款就经理的权利、义务和责任作出规定。我国《公司法》就经理的职权进行了明确规定，但是这一规定从效果来看，并没有有效促进公司治理结构的完善。我国农村股份经济合作社法的立法过程，应当吸收国外立法经验，采用概括式授权立法明确经理的职能，同时对绝对禁止事项予以明确。

（2）市场约束。所谓市场约束，是指应当推动建立和完善农村职业经理人的流动市场，使得市场能够在人力资源的配置中发挥决定性作用和约束作用。随着农村股份经济合作社的蓬勃发展，农业、农村现代化对人才的需求有望催生中国特色的农村职业经理人阶层。市场机制对农村股份经济合作社农村职业经理人的约束机制主要可以体现在两个方面：一方面，建立农村职业经理人诚信档案，由市场机制对失信经理人进行驱逐，如农村职业经理人在履职过程中出现违反法律法规或者严重违反合同约定的情况应当记录进诚信档案。另一方面,建立农村职业经理人的评价体系,采用相对客观的标准对职业经理人进行评价,避免人才引进时信息不对称情况的发生。

(3) 道德约束。任何法律及管理制度的有效运行,都依赖于参与者内心的价值认同。政府应当在农村职业经理人培训中加强道德建设,使得农村职业经理人能够将敬业、诚信、勤勉等美德内化于心,从而自发自觉地遵守法律。

(二) 激励机制

农村股份经济合作社经理的激励机制可以从物质和精神两个层面予以构建。

1. 物质激励

物质激励是农村股份经济合作社经理激励机制的重心。虽然我们提倡农业农村经理人要具有情怀意识,但是理性经纪人以追求自身利益最大化为目标,这是不容忽视的市场经济规律。笔者认为对经理人的物质激励应当以保底薪金和绩效奖金为主。但不宜采用股权激励的形式。保底薪金和绩效奖励的高低设置是经济学和管理学范畴的事情。"不宜使用股权激励的形式对经理进行奖励"的原因,前文"农村股份经济合作社董事的报酬"部分已有详细说明,不再赘述。

2. 精神激励

精神激励对于经营管理人员也具有必要性。有学者认为"解决我国当前严重存在的代理问题应以精神激励为主"。[1]笔者虽不认同这一观点,但也认为精神激励的方式应当引起农村股份经济合作社和国家社会的广泛重视。我国不少法律都有精

---

[1] 高程德主编:《现代公司理论》,北京大学出版社2000年版,第234页。

神激励的内容。如我国《农民专业合作社法》第 10 条就单位和个人的突出表现作出表彰予以了规定,[1]非常值得我们在农村股份经济合作社立法中借鉴。

四、农村职业经理人

(一) 职业经理人的概念

上海市人力资源和社会保障局于 2013 年最早在《职业经理人职业标准》中对职业经理人做了官方定义:"所谓职业经理人就是运用全面的经营管理知识和丰富的管理经验,独立对一个经济组织或一个部门开展经营或管理的人。"[2]张维迎教授在 2003 年就从职业经理与所有者经理区别的校对角度对职业经理人进行了界定:"所谓职业经理,是针对所有者经理而言。所有者经理是为自己花自己的钱,为了自己办自己的企业,而职业经理却为别人的利益花别人的钱,为了别人的利益管别人的资产。"[3]还有学者认为:"从管理学角度讲,职业经理人是指在一个所有权与经营管理权相分离的企业中承担确保企业财产、投资者权益保值增值责任,全面负责企业经营管理,由企业聘任,自身则以薪金等作为获得报酬的主要方式的职业化经营管理专家。"[4]2007 年修订的《职业经理人资格认定标准》中也对职业经理人进行了定义:"具备良好的品德和职业素养,能够运用所掌握的企业经营管理知识以及所具备的经营管理企业的

---

〔1〕 参见我国《农民专业合作社法》第 10 条第 3 款规定:"对发展农民专业合作社事业作出突出贡献的单位和个人,按照国家有关规定予以表彰和奖励。"
〔2〕 "职业经理人资格认证标准",载《河北企业》2004 第 Z1 期,第 18 页。
〔3〕 张维迎:"质疑中国职业经理人的职业操守",载《中外管理导报》2001 年第 1 期,第 4 页。
〔4〕 刘晗洁:"经济学与管理学双重视角下深度审视我国的家族企业",载《中国城市经济》2010 第 5 期,第 106 页。

综合能力和丰富的实践经验经营管理企业，经营管理业绩突出，受聘于出资人的职业化的企业中高层经营管理人员。"[1]

(二) 职业经理人制度在中国的发展

职业经理人起源于美国。1841年美国马萨诸塞州产生了世界上第一家经理式企业。在这一企业中，所有者不再参与企业的经营，由有管理才能的人来担任企业的经营管理者。从第一家经理控制型企业出现，在其后的100多年里，职业经理人的队伍不断发展壮大，到20世纪60年代，美国社会形成了一个职业化的经理人阶层。美国职业经理人阶层的兴起，一方面与社会需求有关，另一方面也与社会文化教育事业的发展有关。以职业经理人为主要培养方向的MBA教育的兴起使得职业经理人的队伍迅猛发展。

我国出现经理的概念是在1978年改革开放以后，随着市场经济的发展、国有企业的改制和民营经济的发展壮大，市场逐渐出现了对职业经理人的需求。但从1993年《公司法》颁布实施至今，职业经理人在我国的发展状况不尽如人意，尚未形成真正的职业经理人阶层。

职业经理人制度在我国发展不良，主要是因为市场缺少需求。在国有企业中，实行科层制的管理体制，中高层管理人员多由国家资产管理部门从企业既有人员、行业内其他国有企业人员甚至官员中直接任命。在大型民营企业中，大多仍然实行家族式管理模式。进入21世纪后，有一部分理念先进的民营企业开始试水职业经理人制度，但是2010年发生的"国美之争"又引发了民营企业集体对职业经理人制度的担忧甚至畏惧。由于缺少市场需求，虽然有行政力量推动职业经理人建设，但就

---

[1] "职业经理人资格认定标准"，载《河北企业》2004年第Z1期，第18页。

整体来说，收效甚微。

（三）农村股份经济合作社对职业经理人的需要

近两年随着农村集体产权的改革和乡村振兴计划的推进，乡村职业经理人渐渐进入人们的视野。浙江省淳安县下姜村2019年以底薪18万元的薪酬对外聘请职业经理人。下姜村公开招聘职业经理人的做法并非标新立异，其折射的，是乡村振兴对人才的渴求。目前，越来越多的农村股份经济合作社开始对外公开招聘职业经理人。

农村股份经济合作社引入职业经理人的动因在于存在管理能力缺口。不可避讳的是，我国城市对农村产生了巨大的虹吸作用，农村留守人员经营管理能力相对匮乏。

当下，农村农业职业经理人尚处于探索阶段，但本书对该制度寄予厚望，希望国家能够出台更多鼓励政策和建设措施，促使越来越多的人才投身到农村建设的广阔天地中去。

第六章 农村股份经济合作社的监督机构

以科斯为代表的制度经济学派认为,商人投资者对市场交易成本的回避催生出企业制度。企业能够通过内部管理协调节省市场交易费用。企业存在的目的在于降低商人投资者的成本,只有当企业的组织成本小于市场交易成本之时,企业才有存在的必要。因此,在市场交易成本有效降低的同时,企业内部的管理协调成本成为投资者们关心的核心问题。

随着企业规模的扩大和管理专业性要求的增强,投资者与经营管理者逐渐分离,代理成本由之产生。一方面,经营管理者难以像管理自己事务一样勤勉谨慎地管理投资者的资产,正如亚当·斯密所说:"在钱财的处理上,股份公司的董事为他人尽力,而私人合伙成员则纯粹是为自己打算。所以要想股份公司的董事监视钱财用途像合伙公司成员那样用意周到,那是很困难的事。"[1]另一方面,在两权分离中,企业的剩余价值索取权属于投资人,而企业的剩余经营管理权归属于经营管理者,两权的背离易使经营管理者为实现自身利益最大化而甘冒道德风险,利用直接掌控的经营管理权和信息优位损害投资者利益。投资者与管理者之间的代理成本成为企业内部管理协调成本的重要组成部分。伯利和米恩斯在1932年出版的经典专著《现代

---

[1] [英]亚当·斯密:《国民财富的性质和原因的研究》(下卷),郭大力、王亚南译,商务印书馆1974年版,第303页。

公司与私有产权》使人们更加深刻地认识到两权分离下代理冲突的严重性。在这种冲突中，只有有效地降低代理成本，才能够保障投资人有利可图，才能够促进社会经济的良性循环，才能够集中财富推动社会发展。

为有效地降低投资者和经营管理者之间的代理成本，监督机制应运而生。企业的监督机制可以分为内部监督机制和外部监督机制。内部监督机制是指按照法律和企业章程，以治理结构设置和权力配置为重点，在企业内部建立的监督机制；外部监督机制是指，在企业之外，由法律、道德、市场等协同发力所构成地对经营管理者的约束机制。内部监督机制和外部监督机制，对于企业有效监管来说，犹如鸟之两翼、车之两轮，不可偏废，只有集结企业内部监管力量，联通外部监管力量，形成共同监管的科学系统，才能够维持企业的良好有序运转。本书重点在于研究农村股份经济合作社的治理结构，故略去对外部监管机制的讨论，仅对各种商事组织的内部监督机构予以研究，试图为农村股份经济合作社建立有效的内部监督机制提供借鉴。

第一节 农村股份经济合作社监督机构的实证研究

一、实践探索

在我国当前的农村股份经济合作社治理实践中，大多选择监事会作为监督机构。监事会包括3名及以上监事，由社员大会或社员代表大会选举产生，并对其负责。从各合作社具体章程以及各地区示范章程来看，监事会模式主要参照《公司法》和《农民专业合作社法》设计，未离窠臼，在组织形式、会议形式、权力配置等方面并无殊异。

在监事会模式之外,还有两种例外情形。一是,不设监督机构。《湖北省农村集体经济组织管理办法》规定,农村集体经济组织的组织机构有社员大会和管理委员会,社员大会是权力机构,管理委员会是日常管理机构。管理委员会由主任、副主任、主管会计(总会计)和委员若干人组成,并不包括内部监督人员。《湖北省农村集体经济组织管理办法》确立的治理结构中,并未设置任何监督机构和监督人员,也未构建任何内部监督机制。当出现侵犯社员土地承包经营管理权、侵害合作社集体资产的情形,由上级农村经济经营管理部门责令纠正。二是,任选设置民主理财监督小组或者监事会。《广东省农村集体经济组织管理规定》第10条规定:"农村集体经济组织设立3-7人的社委会或者理事会和3-5人的民主理财监督小组或者监事会。"其第21条规定:"民主理财监督小组根据组织章程和财务管理制度、财务公开制度,对经营管理活动和财务收支进行审核、监督。"由是来看,民主理财监督小组的监督职能只限于为审计监督。

二、境外合作社监督机制比较研究

农村股份经济合作社具有集体经济属性,与私有制下的合作社、公司具有很大不同。但它们又有一定的共性,都是所有权、经营管理权两权分离的商事组织。二者监督机构及运行机制的构建思路非常相似,疑难问题大致相同。研究各国合作社和公司监督机制能够给我们带来一定的制度启示。

(一)二元结构

合作社治理的"二元结构"是指独立设置经营管理机构和监督机构。"二元结构"以德国、法国、日本和台湾地区的合作社法为代表。在这些国家和地区的合作社中,组织机构包括社员大会、董事会和监事会。"二元结构"因董事会和监事会的关系不同,又可以分为"平行二元结构"和"隶属二元结构"。在平行二元结构中,董事会和监事会均由社员大会选举产生,二者均对社员大会负责。在隶属二元结构中,社员大会选举产生监事会,监事会选举产生董事会,董事会对监事会和社员大会负责。

1. 平行二元结构

《德国工商业与经济合作社法》第9条规定合作社必须设有董事会和监事会;[1]第24条规定董事会成员由社员大会选举和任命;第36条规定监事会成员由社员大会选举和任命。德国《工商业与经济合作社法》所确立的组织机构模式是典型的"平行二元结构",即董事会和监事会二者之间不存在隶属关系,均直接由社员大会选举和任命。

《法国农业和渔业法典》第四编就农业合作社作出了规定,其第524条规定,合作社设立董事会和监事会,董事会在监事会监督下开展工作,二者均由社员大会选举产生。

《日本农业协同组合法》第30条规定,农协应当设立董事和监事。该法规定,在不设立经营管理委员会的情况,董事和监事由社员大会选举产生。监督机构和经营管理机构独立。

2. 隶属二元结构

《欧洲共同合作社法》(the SCE regulation)综合考虑欧洲各国的法制情况,为合作社监督机构的设置提供了可选择模式。该法案规定,合作社组织机构既可以按照"隶属二元结构"设置,也可以按照"平行二元结构"设置。

---

[1]《德国工商业与经济合作社法》第9条规定:"合作社必须设立董事会和监事会。社员人数不足20人的合作社,章程可以规定不设监事会,由社员大会代行监事会之责。"农村股份经济合作社人数众多,该法基于社员人数少而构建的不设监事会的制度并不具有借鉴意义,在此不表。

《欧洲共同合作社法》第 37 条规定，合作社的经营管理机构由监督机构选举产生。但是合作国可以要求或者允许合作社以章程的方式明确其经营管理机构由社员大会选举产生。前者为"隶属二元结构"，后者为"平行二元结构"。

《欧洲共同合作社法》不仅是欧洲各国内合作社法拼凑和组合的结果，更是各国先进法律制度竞争的成果。该法不分伯仲的推荐"隶属二元结构"和"平行二元结构"，说明这两种结构都具有相当的优越性，但又不具有绝对的优越性。

（二）一元结构[1]

合作社治理的"一元结构"是指在董事会之外并无独立的监督机构。监督职责由董事会下设委员会或者外聘会计师、审计师承担。《美国统一有限合作社协会法》《纽约州合作社公司法》《犹他州统一农业合作社协会法》均规定合作社需设置社员大会和董事会，而未提及监督机构。

《美国统一有限合作社协会法》第 817 条规定"董事会可以设立一个或多个委员会"，该法并未就委员会的类型作出细致规定，而是给予了董事会以极大的灵活性。这些委员会中是否有承担监督职责的审计委员会由各合作社董事会自主决定。《纽约州合作社公司法》第 75 条就审计相关监督职责进行了规定，合作社须于每一会计年度结束后进行审计，"审计应当由经验丰富的簿计员、会计师或公司不定期聘请的会计师事务所实施，但对于年业务量少于 10 万美元的合作社公司，可由公司 3 名成员或股东组成的审计委员会审计"，该法将以审计为核心的监督职能赋予了外聘会计师。

需要说明的是，《欧洲共同合作社法》第 42 条也就"一元

---

[1] 美国合作社相关法律，参见张德峰译注：《美国合作社法》，法律出版社 2019 年版。

结构"进行了制度构建。该法规定，合作社可以设立管理委员会负责经营管理，管理委员会的每名董事都具有管理和监督的职责，不另设监督机构和监督人员。

三、中国商事组织监督机制的历史沿革

我国存在两权分离的商事组织大多采用股东大会、董事会、监事会三驾马车的"平行二元结构"。在中华人民共和国成立后的商事法律制度建设中，"平行二元结构"始建于人民公社，发展完善于公司，在中国与世界的交流中不断汲取先进思路积极革新。

（一）人民公社中的监督机制

中华人民共和国成立之后，1950年《私营企业暂行条例》中并未以会议的形式设立董事会和监察会，而是在有限公司股东大会之下并立设置董事和监察人，董事负责执行业务，监察人行使监察权。监事会制度始见于1962年《农村人民公社工作条例修正草案》，其第4条规定，人民公社的各级组织设立社员（代表）大会、管理委员会和监察委员会。管理委员会和监察委员会均由社员（代表）大会产生。人民公社在治理机构的设置上采用的是"平行二元结构"的三会制。

（二）公司中的监督机制

改革开放之后，"股东大会——董事会""股东大会——监事会"的平行二元结构出现在1993年颁布并施行的"两个规范"（《股份有限公司规范意见》和《有限责任公司规范意见》）之中。1993年《公司法》继承了"两个规范"的思路，继续以监事会为公司内部的监督机构，在总结经营的基础上，设置了8个条文对监督机构予以规定。其规定，股份有限公司必须设立监事会，有限责任公司可以设立监事会，股东人数较

少的有限责任公司可以不设监事会，替代设置一到两名监事。非职工监事由股东会选任。2005年《公司法》赋予了监事会或者监事6项职权，分别是财务监督权、经营管理监督权、董事高管违法行为制止权和纠正权、临时股东大会提议权、董事会会议列席权以及公司章程赋予的其他职权。我国在2005年之前，立法层面一直将平行二元结构的监事会作为公司内部独立的监督机构。

（三）上市公司中的监督机制

20世纪90年代，发轫于美国的独立董事制度作为上市公司内部监督机制的补充引入我国。1997年12月中国证监会发布《上市公司章程指引》，提出上市公司可以根据需要设立独立董事。2001年中国证监会发布《关于上市公司建立独立董事制度的指导意见》，要求所有上市公司必须在2003年6月30日前设立独立董事，并对独立董事的资格、选任、权利和义务作了详细规定。2005年《公司法》修订案通过，立法层面正式确定了在上市公司中推行独立董事制度。

我国立法机关对独立董事制度在上市公司治理中的作用是持肯定的态度的，并对其功能寄予厚望。我国现代企业制度建立之初，立法者立足大股东控制的股权结构，借鉴日本公司治理模式，设置了董事会和监事会并存并立的平行二元结构。但是很快，立法者就发现监事会如同虚设，大股东侵犯中小股东权益的事件屡屡发生，监事会监督机制的失灵，呼唤公司内部监督机制的改革，独立董事制度是在这一客观情况下引入中国的。独立董事制度引入中国的功能定位与美国本土一样，制约企业内部人控。

（四）农民专业合作社中的监督机制

我国2006年《农民专业合作社法》构建了"社员大会——

董事会""社员大会——监事会"的平行二元结构,遗憾的是该法并未就监事和监事会的具体权利和职权进行细化,仅明确规定两项职权:一是,监事会具有提议召开股东会的权利;二是,监事会负有审计本社财务的权利和义务。2017年修订版《农民专业合作社法》,并未就监事和监事会所涉条文进行变更,并未进一步细化、明确、扩大监事和监事会的职权。

值得一提的是,2006年《农民专业合作社法》制定之时,独立董事制度已经在上市公司领域施行,2017年《农民专业合作社法》修订之时,独立董事制度已经在公司领域试行和施行近20年,但《农民专业合作社法》一直没有引入独立董事制度。我们在此冒昧地就2017年修法时立法者的意图进行两方面不严谨的揣测,一是,立法者可能认为该法所构建的监督机制能够满足农村专业合作社的需求,不需要格外引进独立董事制度;二是,立法者可能已经认识到独立董事制度的缺陷,认为农村专业合作社不宜引进独立董事制度。

四、监督机制模式选择的影响因素

不同国家、不同商事组织在构建监督机制时选择了不同的道路。不同国家商事组织监督机制的立法选择不同,大陆法系国家选择"二元结构",英美法系国家选择"一元结构"。同一国家不同商事组织监督机制的制度构建也不同,如,《德国工商业与经济合作社法》选择"平行一元结构",而《德国股份公司法》选择"隶属二元结构";中国农民专业合作社和日本农协选择"平行二元结构",而中国上市公司和日本股份公司却在"平行二元结构"的基础上引入独立董事制度。

我们要为农村股份经济合作社构建有效运行的监督机制,首先需要明晰不同国家、不同商事组织选择不同模式的原因是什么，进而分析决定监督机构有效性的因素是什么。总体来说，商事组织监督机制的模式选择不仅与其特性相关，也与其特定的历史、经济、文化和政治背景相关。

（一）历史实践的影响

法律是制度的创设者，也是实践经验的总结者。制度层面监督机构模型的生成，有的来源于法律的创设，有的来源于法律对实践的总结。

1. 美国商事组织监督机构生成的历史实践影响

美国现代企业制度可以追溯到 1606 年，伦敦弗吉尼亚公司携带英国国王詹姆士一世颁发的特许状，开始了对美国本土的殖民贸易。伦敦弗吉尼亚公司为美国大陆带来了"一元结构"企业治理模式。在出资人所组成的股东大会之外，公司仅在美洲大陆设立董事会负责具体的商务活动，不设监事会。除了伦敦弗吉尼亚公司，17 世纪、18 世纪的英国公司普遍采用"股东会——董事会（经理）"的治理结构。

英美法系现代企业制度发轫之时，法律侧重于对经理个人专断的制衡，企图通过董事会集体决策制度实现对经理权力的制衡，而未注重在董事会和经理这个经营管理整体之外另设监督机构的必要性。这一模式的形成可能与当时英国公司大多从事远洋贸易有关，远洋贸易的高风险性更加强调团结一致克服困难，这种弱制衡模式的形成与远洋贸易所需要的权力集中行使更为契合。

2. 德国公司监督机构生成的历史实践影响

《德国工商业与经济合作社法》选择"平行一元结构"，而《德国股份公司法》选择"隶属二元结构"。《德国股份公司法》选择"隶属二元结构"的主要原因在于历史实践影响。

在 19 世纪中前期，德国股份公司一直以特许形式获得设

第六章　农村股份经济合作社的监督机构

立，公司的监督责任由国家承担。"人们普遍认为，公司的成立必须由国家许可，公司的运作也必须处在国家的监督之下。"[1]到了 19 世纪 60、70 年代，受经济自由主义思潮的影响，德国公司设立的准则由许可主义转向准则主义。国家也不再承担自由设立的公司的监督职能，把监督企业运转的职能交给了公司的内部机构。起初，这一内部监督机构由股东代表组成，我们常称其为"股东委员会"或者"大股东会"。"股东委员会"对经营管理者的监督不仅体现在对经营管理者行为的监督上，而且体现在对经营管理者的选任上，德国股份公司的董事会是由"股东委员会"选举并监督运行的。

这一起源于实践探索的"隶属二元结构"得到了 1870 年《德国股份法》的确认，1897 年的《德国商法典》并没有给股份公司带来实质性影响。"股东委员会"在一战以后的德国发生变化：一战中参与保卫德国的职工积极争取政治权利和经济权利，提出了参与企业经营管理的要求。第二次世界大战之后，工会组织继续要求要在企业的领导中占有一席之地，"股东委员会"渐渐转变为由股东和职工共享的"监事会"。1965 年《德国股份公司法》确认了这一形式的监事会。1976 年《德国共同参与权法案》规定，在拥有 2000 名以上工人的公司监事会中，应当设立相同人数的股东监事和职工监事。

德国公司采用"垂直二元结构"的起因是法律制度对公司实践做法的确认，而后将大股东会改革为监事会，亦是股东与职工就公司经营管理权展开博弈的结果。监事会与董事会垂直的设置模式，主要是为了满足职工参与企业管理的需求，为职工参与企业管理提供制度路径。总的来说，德国公司监督机构

---

[1] [德] 托马斯·莱塞尔："德国股份公司法的现实问题"，刘懿彤译，载《法学家》1997 年第 3 期，第 82 页。

的形成受公司实践的影响较大,更多的是法律对实践经验的确认,而非单纯的制度创设。

(二) 股权结构的影响

美国受历史实践影响,商事组织治理结构采用"一元结构"模式,股东大会之外只设董事会,不设独立的监督机构,由董事会及其聘任的经理经营控制公司。"一元结构"使得股东饱受"内部人控制"之苦。尤其是在董事兼任经理的情形下,企业会深度陷入管理层的过度控制之中,企业完全脱离股东意志,无法保障企业和股东的权益。

早在20世纪30、40年代,《美国证券交易法》和《美国投资公司法》就曾尝试建立独立董事制度。70年代,受"水门"事件曝出的公司行贿丑闻影响,公众公司的股东和管理层之间的矛盾进一步激化,革新传统董事会(经理)这种弱监督制度的呼声越来越高。

董事会与经理层同为经营管理者,突破内部制衡的模式,在董事会和经理这个经营管理者整体之外,构建独立的监督机构,是最有效的监督方式。但是立法者并没有选择在董事会和经理之外设置监事会,原因在于高度分散的股权结构无法产生独立的监事会。股东大会享有任免监事的权利,但是股东高度分散,股东大会自身无法提名监事会人选,只能根据董事会和经理层的提名而进行选任,如此一来,即使另外设立监事会,该监事会也是依附于经营管理者的,不会具有独立性。立法者无法在公司内部产生独立于经营管理者的监督人员和监督机构,只能从外部引入独立董事。

(三) 制度路径依赖的影响

我国《公司法》借鉴日本的"平行二元制"监督机构设置模式,可能与我国的股权结构有关,但笔者认为,更值得考虑的，是制度路径依赖的影响作用。有的学者认为"股东会——董事会——监事会"三套马车的"平行二元结构"始建于改革开放后的"两个规范"，但如笔者考证，中华人民共和国成立之后1950年的《私营企业暂行条例》和1962年《农村人民公社工作条例修正草案》均采用了这种模式，甚至可以追溯到清末立法和民国时期的公司法律制度。众所周知，我国清末修律参照了大陆法系的法律体系，其中对日本的具体制度借鉴极多。笔者推测，我国商事法律制度建设受日本的影响，但并非始于改革开放之后，而是始于清末修律。此后中国的商事法律制度建设就始终没有能够抛开日本公司法律制度的影响。

(四) 外部监管机制的影响

企业治理是一个系统工程，企业监管由内外监督管理机制协同发力。我们经常会奇怪为何独立董事制度能在美国有效的运行，而无法在我国公司内部监管制度中落地生根。如果说我国的独立董事受大股东选任无法保证独立性，为何美国独立董事受经营管理者选任却能保持相对的独立性呢？这与各国强弱不同的外部监管机制有关。美国具有完善的市场监督机制和成熟的中介机构行业自治，担任独立董事的律师、会计师、审计师人员严格受到行业规范、职业道德、违信责任等要素的制约。相较之下，我国缺乏成熟的中介机构行业规范体系，由律师、会计师、审计师担任的独立董事就会无的放矢、难以生根。

此外，在美国，资本市场、职业经理人市场、商品或服务等交易市场还能够通过资源配置的力量对经营者形成警示。如果屡屡违信背德，经营者将被市场所有的投资者所排斥。

当然，我们必须认识到，促使一个国家商事组织监督机构形成和变革的因素是多元的，除了以上展开分析的诸多因素还可能受民主政治、宗教以及偶然事件的影响。

第二节　监督机构有效性的实质因素

大陆法系借鉴或者引入独立董事制度的同时，美国学界亦有学者呼吁美国应当借鉴大陆法系的监事会制度。现今，独立董事制度和监事会制度从形式上来看还是泾渭分明、差异很大的。但这两种制度中有利于实现企业内部监管有效实现的必备要素正在不断融合。

笔者通过比较分析不同商事组织的不同模式选择，认为影响监督机构有效性的实质因素包括但不限于以下几个方面。

一、独立性是监督机构实现制度目标的基础保障

独立性是"二元结构"监督机构的先天属性。在制度产生之初，法律就将监督机构与经营管理机构做了分离，在经营管理机构之外由单独的内部机构承担监督管理的职权。如我国《公司法》第51条规定，"董事、高级管理人员不得兼任监事"。我国《农民专业合作社法》第33条规定，"理事长、理事、经理和财务会计人员不得兼任监事"。《德国工商业与经济合作社法》第37条规定，监事会成员不能同时是董事会成员。大陆法系国家并不满足于"二元结构"监督机构先天独立性所带来的安全感，不断在对监事会的独立性进行加强。2014年德国政府委员会再次修订《德国公司治理法典》（German Corporate Governance Code），就监事的独立性要素作出了更加细致的规定。该法典5.4.2条规定："监事会不能有多于2名的成员是前管理层的人员。监事会成员不得在企业的重要竞争方担任董事或其

第六章 农村股份经济合作社的监督机构

他类似职位或者提供咨询类服务。"[1]

独立性是美国"一元结构"公司治理结构创设"独立董事"制度的首要追求。美国"一元结构"公司治理结构不设监事会,董事会既是经营管理者,也是经理层的监督者。法律本寄希望于董事会通过集体决议的形式对经理层形成制约和监督,但在董事会与经理层共同行使经营管理权力的过程中,随经理权力膨胀,董事会沦为经理层的"橡皮图章"。董事会不仅丧失了监督制约经理层的功能,还与经理层沆瀣一气地损害企业和股东的利益。美国立法者认为,内部董事缺乏独立性、易被经理层反控是导致这一局面的根本原因。要使董事会能够有效发挥监督制约经理层的功能,必须通过一定的措施,实现董事会和经理层的分离,也就是实现董事和董事会的独立性。

本书认为英美法系"一元结构"国家和大陆法系"二元结构"国家都在从至少两个方面致力于监督机构的独立性建设。一是监督与经营管理相分离。这一分离在"二元结构"中体现为监督机构和经营管理机构的分离;在"一元结构"中体现为监督人员和经营管理人员的分离。二是通过引入外部专业来加强监管人员的独立性。如美国1977年,纽约证券交易所要求每家上市公司设立并维持一个全部由外部董事组成的审计委员会。德国2009年《会计法现代化法案》第5条要求,德国上市公司的监事会必须具有一名具有专业会计或者审计。在此之外,各国也普遍认识到,独立的监督费用支配权力也是保证监事和监事会独立性的重要因素。

总的来说,无论采用何种监督模式,保证监督机构和人员

---

[1] 高娅译:"德国公司治理法典(2008年修订)",载《公司法律评论》2009年第0期,第265页。

相对于经营管理者的独立性,已经成为普遍认同的共识。

二、知情权获得满足是监督机构有效行权的核心关键

英国自由主义大师哈耶克曾言:"资源的配置都是特定决策的结果,而人们作出的任何决策都是基于给定的信息。"[1]真实、准确、全面、及时地获得有效信息是监事实现有效监督的核心关键。监督机构和经营管理层所能够获得的信息具有不对称性。监督机构所得到的信息大多来自经营管理层,这些信息经过经营管理者的筛选,已经变得无关紧要。中国政法大学孙强教授在《论上市公司内部监督机构的重构》一文中指出:"实践中,公司的经营信息、财务信息掌握在内部董事和经理层手中,监事会和独立董事处于明显劣势地位,或者基本完全依靠他们有选择地提供的信息进行监督或者因得不到信息而无法监督。"[2]实践中各个国家和地区也在不断加强监事知情权制度建设。我国《关于在上市公司建立独立董事制度的指导意见》(以下简称《指导意见》)第7条第1款规定:"凡须经董事会决策的事项,上市公司必须按法定的时间提前通知独立董事并同时提供足够的资料,独立董事认为资料不充分的,可以要求补充。"我国《公司法》第54条规定:"监事可以列席董事会会议,并对董事会决议事项提出质询或者建议。"英美国家也在不断通过判例法的形式对独立董事的知情权予以强化和保障。美国法律研究会的《公司治理研究原则:分析与建议》总结各州法院的判决,将其概括为:"每一个董事(包含独立董事)都有

---

[1] [奥]冯·哈耶克:《个人主义与经济秩序》,贾湛等译,北京经济学院出版社1989年版,第74页。

[2] 孙强:"论上市公司内部监督机制的重构",载《宁夏大学学报(人文社会科学版)》2011年第1期,第140页。

在任何合理的时候亲自或委托律师或其他代理检查和复查公司及其下属国内外子公司所有各式账目、记录和文件并检查有形资产的权利。"[1]《德国股份法》第 90 条专门就董事会应给监事会提供的材料作出了规定,这些材料包括董事会定期报告(季度报告、年度报告和效益报告)和与经营管理有关的特别报告。

三、任免提名权是监督机构威慑经营管理者的有力措施

美国学者尤金·法玛（Fama, E. F.）与迈克尔·詹森（M. C. Jensen）1983 年在其《所有权和控制权分离》(Separation of Ownership and Control) 一文中论述道,独立董事主要通过任免、监督、考核和奖惩经理层来实现监督权。[2]日本学者河本一郎在《现代公司法》中认为,日本的监事会缺少董事的任免权,因此地位不高,并逐渐成了董事会的从属机关,而居于次要地位。[3]我国姜荣吉博士在"难行监督之事的监事"一文中也认为,我国监事会名义上与董事会平级,实则经营管理者的附庸。[4]美国董事会中普遍设立有由独立董事组成的提名委员会、监察委员会和薪酬委员会,如纽约证券交易所规则和纳斯达克规则要求董事会专门委员会的成员全部应当是独立董事。[5]特别是关于提名

---

〔1〕 美国法律研究院：《公司治理原则：分析与建议》,楼建波等译,法律出版社 2006 年版,第 98 页。

〔2〕 See Fama, E. F. and M. C. Jensen, 1983, "Separation of Ownership and Control", Journal of Law and Economics, Vol. 26, pp. 301~305.

〔3〕 参见[日]河本一郎：《现代公司法》,东京商事法务出版社 1989 年版,第 79 页。

〔4〕 参见姜荣吉：《难行监督之事的监事——日本监事制度的发展历程与启示》,载《北方法学》2013 年第 6 期,第 49~58 页。

〔5〕 参见经济合作与发展组织：《董事会成员提名与选任》,林朝雯译,经济科学出版社 2018 年版,第 138~139 页。

委员会的构成,美国法律协会制定的《公司治理原则(草案)》要求其成员全部由外部董事构成,且独立董事应占绝大多数。[1]日本引入独立董事制度后,亦在上市公司董事会中设置这三会——《日本关于股份公司监察的商法特例法》(2002年版)第2章第4节规定在设立外部董事的设置委员会的公司中,必须强制性地设置提名委员会、薪酬委员会和审计委员会。[2]德国股份公司采用垂直二元结构,董事会本身就由监事会任免,在采用平行二元结构的德国合作社中,《德国工商业与经济合作法》第40条规定,董事会成员的任免权由股东大会享有,但是监事会有权根据自己的判断直接作出解除,直至股东大会作出决定。

四、全阶段的监管参与效果优于单纯的事后监管

我国学者在对独立监事制度和监事会制度进行比较的时候,认为独立监事制度的优越性之一在于独立监事可以在决策之中甚至决策之前开展监督,而监事会只能在事后进行监督。中国政法大学的孙强教授在《论上市公司内部监督机制的重构》一文中强调,独立董事监督与决策过程同步,监督与决策紧密结合;而监事会监督出现在决策形成后,是财务监督和合法性监督。[3]笔者认为,这一论述是经不住科学论证的。制度在于法律的创设,而不在于法律的发现。法律赋予未赋予监事会以事前监督、事中监督的权力,则监事会不享有事前监督、事中监督的权力;法律赋予监事会以事前监督、事中监督的权力,则

---

[1] See Model Business Corporation Act (MBCA), §8.25 (a), (b).

[2] 参见吴建斌主编:《日本公司法规范》,法律出版社2003年版,第247页。

[3] 参见孙强:"论上市公司内部监督机制的重构",载《宁夏大学学报(人文社会科学版)》2011年第1期,第137~141页。

监事会享有事前监督、事中监督的权力。如我国已经明确认识到全阶段监督对于监督效果的重要性，就在《公司法》在其第55条中赋予了监事该权力，其规定监事可以列席董事会会议，并提出质询或者建议。

对于《公司法》第54条所赋予监事的权力，有的学者认为仅仅是列席的权力而不是表决的权力，不能起到事前监督、事中监督的作用。但是本书认为监事在董事会中所提出的质询意见和建议，足以引起董事的重视。形式上，监事不享有表决权，无力通过投票表决左右董事会的决议，但是，从实质效果来看，监事的否定建议具有一票否决权的效果。董事需要考虑违背监事的意见和建议所作出的决议是否违背其所负担之受信义务。根据《公司法》第113条的规定，董事违反受信义务，需要就错误决定承担责任。

五、审计制度对于内部监督至关重要

关于审计制度对企业内部监督工作的重要作用，美国学者Defond. M. L. and J. Jiambolvo（1993）认为委托人和代理人之间存在严重的信息不对称，审计通过鉴证可以降低委托人与代理人之间的信息不对称。[1] 1974年日本《关于股份公司监察的商法特别法》即要求大型股份公司必须设置具备专业知识的审计员，以弥补普通监事财会知识的不足。美国在2001年安然破产事件和2002年世界通信会计丑闻事件后出台的《萨班斯-奥克斯利法案》（Sarbanes-Oxley Act）的重要内容之一就是要求公司

---

[1] See Defond, M. L. and J. Jiambolvo, 1993, *Factors Related to Auditor-Client Disagreements Over Incoming-Increasing Accounting Methods*, Contemporary Accounting Research 9, pp. 415~431.

必须设立完全由独立董事担任的审计委员会。[1]《德国公司治理法典》第5条对审计委员会主席的资格和审计委员会独立性作出了规定。该规定要求审计委员会主席应当具有会计原则和内部控制程序方面的职业知识且审计委员会成员不得曾在董事会任职。[2]近年来，日本则在审计委员会的基础上更进一步。2015年5月1日开始施行的日本新公司法在董事会专门委员会中已经存在审计委员会的情况之下，另设审计监察委员会，要求成员半数以上、至少两人为独立董事。可见其对审计这种监督机制的重视。[3]我国也在企业内部审计方面不断强化。2002年证监会指定的《上市公司治理准则》第38条规定，上市公司董事会应当设立审计委员会，审计委员会的召集人应当为会计专业人士。2008年由财政部会同证监会、审计署、银监会、保监会共同制定的《企业内部控制基本规范》第13条规定："企

---

〔1〕 美国《2002年萨班斯-奥克斯利法案》第301条规定，审计委员会的每一个成员均是董事会成员且应当独立，为达到该独立标准，审计委员会成员不能接受发行人的任何咨询、顾问费或其他报酬或者是发行人或下属机构的关联人员。参见《2002年萨班斯-奥克斯利法案》，ZETA-CIA研究中心译，法律出版社2004年版，第92-93.135-136页。

〔2〕《德国公司治理法典》第5.3.1条规定："根据企业特殊情况及其成员人数，监事会应设立由充足专家组成的委员会。"《德国公司治理法典》第5.3.2条规定："审计委员会主席应就会计原则与内部控制程序运用方面具有职业知识与经验，且不得为董事会的前任成员。"《德国公司治理法典》第5.3.2条规定审计委员会的职责是："处理特别是会计事务、风险管理及其遵循情况、要求审计员参与的必要独立性事务、授权审计员审计股票发行、须审计的关键问题的决定以及报酬协议。"

〔3〕 2013年11月29日，日本法务省向国会提交了公司法修正案，新修订的日本公司法于2015年5月1日开始实施。修订后的公司法在原有的公司治理中董事会层级的履行审计监督职能的机构——监事及监事会、董事会专门委员会中的审计委员会之外，加入审计监察委员会这一全新的机构设置。现行《日本公司法》第326条第2款规定，股份公司基于公司章程，可以设立董事会、会计顾问机构、监事、监事会、会计审计机构、审计监察委员会或董事会专门委员会。设置审计监察委员会的公司，董事会：3人以上，其中半数以上、至少2人以上为外部董事。

业应当在董事会下设立审计委员会。审计委员会负责审查企业内部控制，监督内部控制的有效实施和内部控制自我评价情况，协调内部控制审计及其他相关事宜等。"[1]

第三节　农村股份经济合作社监督机构的组织形式

一、监事会与农村股份经济合作社制度契合

每种监督管理机构的产生和变革，都受各国过去复杂的社会、文化、政治、法律、历史等背景因素的影响。任一监督机构的设置模式都不必然具有绝对的制度优势。我们不能从制度本身评价其优劣，而应当从其制度目标的实现程度予以评判。因此，为农村股份经济合作社构建监督机构，不能搞拿来主义，不能因为独立董事制度在美国效用好就生搬独立董事制度，也不能因为监事会制度在德国行之有效就硬套监事会制度。科学的态度和做法，应该是结合农村股份经济合作社的特点，分析哪种监督机构与之更为契合。

（一）薄弱的外部监管机制，呼吁内部强监管模式

商事组织治理是一个内外协调的多重机制。单一的内部监管机制有时并不足以有效约束经营管理者，需要外部监管机制的协同发力。在一定的监管范围之内，外部监督机制能够对内部监督机制形成有效补充，因此强大有力的商事组织外部监管机制能够切实降低内部监督机制的运行成本。相反地，如果外部监管机制不够有力，那么内部监管机制非经强化不能实现监管之目标。

---

[1]　参见《企业内部控制基本规范》，载国际注册内部控制师工作网站：http://www.cicp-cics.org.cn/htm/7717/127670.html。最后访问时间：2020年7月15日。

具体到农村股份经济合作社来说，其外部监管体系中缺乏强有力的市场监管机制。外部市场资源配置所产生的制约机制仅对股权分散的公众型公司发生效用，对于不公开发行股票的封闭型公司，资本市场所能够发挥的监管效用几乎为零。外部市场监督机制不仅对封闭型公司监管无效，对于股权集中的开放型企业也效用有限。[1] 农村股份经济合作社在外部并不具有开放的交易市场，尤其是人口股，甚至不能基于社员个人意志为取得、转移和丧失。当经营者极度侵害社员权益之时，社员甚至无法通过"用脚投票"来止损。资本市场的调控功能根本无法对农村股份经济合作社发挥作用。此外，农村股份经济合作社外部监管体系中的政府行政监管机制也在同步构建中，并不成熟。

总的来说，农村股份经济合作社的外部监督机制非常薄弱，这一情形要求农村股份经济合作社必须构建强有力的内部监督机构。比较监事会制度和独立董事制度，监事会制度是一种较强的内部监督制度，监事会更加契合农村股份经济合作社的监管需求。

（二）独特的股权结构，能够为监事会的独立性提供保障

设置独立的监事会是解决美国一元制模式中"内部人控制"的最佳设计，然而美国公众公司股权极其分散，在董事会（经理）控制监事会提名权的情况下，美国公众公司无法构建出独立的监事会。农村股份经济合作社与美国公众公司的情形不同。农村股份经济合作社股权结构体现出五个特性，分别是：①社员众多；②股权高度分散；③社员持股数额平均；④没有控股社员；⑤社员之间联系紧密。只看前四个特征，我们可能得出

---

[1] 蒋大兴："独立董事：在传统框架中行动？（上）"，载《法学评论》2003年第2期，第2页。

农村股份经济合作社股权结构与伯利和米恩斯所描述的公众公司高度相似的结论。实则不然,美国公众公司的社员是高度松散的,彼此之间仅仅以公司为联结,此外并无交集。而农村股份经济合作社的众多社员,在农村股份经济合作社的联结之外,通常还共同生活于一个固定区域,彼此之间还可能拥有血缘或者姻缘的纽带,联系是非常紧密的。从农村股份经济合作社股权结构的五个特征来看,其股权结构既不同于德国、日本以及我国的有大股东控股的公众公司,也不同于美国股权分散的公众公司。

农村股份经济合作社可以选出受信于全体股东意志的独立监事会。农村股份经济合作社社员大会可以直接从社员中选取监事组成监事会,而无须董事会(经理)予以协助。

监事会制定在我国公司法领域饱受诟病的原因之一,就是实际操作中监事会时常因受制于大股东而独立性受损以致形同虚设。农村股份经济合作社中不存在控股社员,股权高度分散,监事会自然不会受控于某一社员或某一部分社员。既然如此,农村股份经济合作社也不会受控于经营管理者。可以说,农村股份经济合作社的监事会天生具有独立性。

需要说明的是,所谓监督管理机构的独立性是指其分离于控股股东或者经营管理机构的独立性,并不指独立于一切机构的独立性。本书认为农村股份经济合作社的监事会不仅应当在股东大会的领导下开展工作,也应当在党组织的领导下开展工作。

(三)监事会模式将为农村股份经济合作社提供更好的监督效果

独立性是监督机构能够有效开展监督管理工作的前提和基础。相较于独立董事制度,监事会制度具有更强的独立性,理论上可以获得更好的监督效果。原因有二：其一，监事会制度和独立董事制度都实现了监督和经营管理的分离，但是监事会实现的是监督机构和经营管理机构的分离，独立董事制度实现的是监督人员和经营管理人员的分离。前者是一种强分离，后者是一种弱分离。从分离强弱的角度来看，监事会具有更强的独立性。其二，独立董事制度中，监督人员和经营管理人员的分离是一种不完全分离，独立董事作为董事会的成员，其工作受董事长领导，由董事长负责组织协调。而在监事会中，监督机构和经营管理机构的分离是非常完全的，二者各自受信于股东大会。从分离的程度来看，监事会具有更强的独立性。

充分的信息可获得性是监督机构能够有效开展监督管理工作的重要保障。外部董事由于参与农村经济合作社事务的时间限制，精力限制，所获得的信息数量具有有限性，而农村股份经济合作社监事会成员由农村股份经济合作社社员选任（独立监事另论），他们长期在农村股份经济合作社中生产生活，能够从农村股份经济合作社商事运营的全过程中获得监管信息。

此外，农村股份经济合作社的监事会作为公司的机构，在有的时候可以成为公司代表，如可以代表公司就经营管理者的违法行为提起诉讼。没有救济就没有权利，权利的根本保障在于受到侵害时可以获得救济。监事会代表公司行使诉讼权，是维护公司权利，也是行使自身职权的重要手段。而代表诉讼的权利是无法授予外部董事的。

二、双重监督机制必要性之否定

农村股份经济合作社采用监事会作为监督机构具有必要性和优越性。在此我们需要讨论的是在已经设置监事会的情形下，是否还有补充设置独立董事的必要性。本书认为独立董事制度引入我国之后，发生了严重的异化，农村股份经济合作社并不能为独立董事制度的有效运行提供土壤。附加设置独立董事制度，弊大于利。

(一) 独立董事制度的产生及制度基础

独立董事制度发源于 20 世纪 30 年代的美国。在美国，典型的公司组织机构是"一元结构"，股东大会之外，公司内部单一设立董事会，不设监事会，由董事会及其聘任的经理经营控制公司。在传统的英美法系"一元结构"中，常常存在董事兼任经理的情况，从而导致管理层过度控制公司，损害公司和股东利益。为解决"一元结构"中的"内部人控制"问题，立法者和监督管理机构在坚持"一元结构"，不对公司法律进行根本性变革的基础上，不断探索监督制衡管理层权力的可行机制。1934 年的《美国证券交易法》和 1940 年的《美国投资公司法》即有构建"非雇员董事"制度。1965 年纽约证券交易所在上市审查准则中明确规定，上市公司至少要选任 2 名独立董事。20 世纪 70 年代，受"水门"事件的影响，几家著名公司暴出了行贿政府官员等丑行，股民对公司管理层信心下降，革新传统董事会制度，引入独立董事的呼声越来越高。1977 年，美国纽约证券交易所正式使用"独立董事"这一术语，并要求每家上市公司要在 1978 年 6 月 30 日前设立并维持一个全部由独立董事组成的审计委员会。20 世纪 80 年代，美国律师协会商法分会进一步推动了独立董事制度的发展，要求各上市公司将董事候选人的任命权交由独立董事所构成的提名委员会。1989 年，美国《密歇根州公司法》在立法层面确立了独立董事制度并就独立董事的资格、任免、权利予以了详细规定。20 世纪 90 年代以后，受经济全球化的影响，英美法系和大陆法系国家均不同程度地引入独立董事制度作为改善企业治理结构的重要措施。

"美国公司卷入政治丑闻只是独立董事制度产生的诱因,其本质原因在于美国公司机关构造单一制上内部监督失控的制度缺陷和现实问题。"〔1〕在股权高度分散的现代企业中,所有者不再能有效控制经营管理者。"经理人员事实上或法律上掌握了企业控制权,他们的利益在企业的战略决策中得到了充分体现。"〔2〕企业被内部人控制,管理层不断利用日渐膨胀的权力损公肥私,企业利益和股东利益处于岌岌可危的境地,这是美国建立独立董事制度的客观事实。

(二) 独立董事制度在中国的引入和功能的异化

1. 独立董事制度在中国的引入

20世纪90年代,独立董事制度作为上市公司内部监督机制的补充引入我国。1997年12月中国证监会发布《上市公司章程指引》,提出上市公司可以根据需要设立独立董事。2001年中国证监会发布《关于上市公司建立独立董事制度的指导意见》,要求所有上市公司必须在2003年6月30日前设立独立董事,并对独立董事的资格、选任、权利和义务作了详细规定。2005年《公司法》修订案通过,我国在立法层面正式确定了在上市公司中推行独立董事制度。

我国立法机关对独立董事制度在上市公司治理中的作用是持肯定的态度,并对其功能寄予厚望。我国上市公司股权结构与美国不同、公司组织机构设置模式与美国不同,上市公司治理所需要解决的问题也与美国不同。我国上市公司大多存在一股独大的情况,鉴于国企改制的背景,和家族式民营企业发展

---

〔1〕 参见彭真明、江华:"美国独立董事制度与德国监事会制度之比较——也论中国公司治理结构模式的选择",载《法学评论》2003年第1期,第36~42页。

〔2〕 [日] 青木昌彦、钱颖一主编:《转轨经济中的公司治理结构:内部人控制和银行的作用》,中国经济出版社1995年版,第4页。

模式，上市公司的股权结构要么是国有资本一股独大、要么是家族资本一股独大。这与美国高度分散的股权结构具有本质区别。我国现代企业制度建立之初便采用了"平行二元结构"模式，在股东会、董事会之外，单独设置了监事会对控股股东、董事和经理的行为进行监督。但是很快，立法者就发现监事会如同虚设，大股东侵犯中小股东权益的事件屡屡发生。监事会监督机制的失灵，呼唤公司内部监督机制的改革，独立董事制度是在这一客观情况下引入中国。独立董事制度引入中国的功能定位与美国本土一样，制约内部人控。只不过美国重点在于平衡股东和经理层的权力，我国重点在于平衡大股东和中小股东之间的权力。

2. 独立董事的功能及其在中国的异化

独立董事在其产生的本土美国，首要功能定位为监管。美国学者尤金·法玛（E. F. Fama）与迈克尔·詹森（M. C. Jensen）1983 年在其《所有权和控制权分离》（Separation of Ownership and Control）一文中论述道，将公司的决策经营管理权和决策控制权分别授予经理和董事会，可以减轻所有权和控制权相分离所带来的代理成本。如果经理能够控制董事会，特别是在总经理兼任董事长的情况下，经理将和董事会将会合谋损害公司和股东利益。独立董事进入董事会，将会发挥监督作用，遏制经理和董事的联合不法行为。[1] 美国在 2001 年安然破产事件和 2002 年世界通信会计丑闻事件后出台的《萨班斯-奥克斯利法案》（Sarbanes-Oxley Act），要求独立董事不得接受公司的咨询费、顾问费等酬金，并要求公司的审计委员会成员必须完全由独立董事担任，再次从立法上强调了独立董事的监管功能。

---

[1] See Fama, E. F. and M. C. Jensen, 1983, "Separation of Owner ship and Control", *Journal of Law and Economics*, Vol. 26, pp. 301~305.

监管职能之外，美国的独立董事的咨询功能也被公司的实践开发出来。相较于公司的执行董事，独立董事往往具有技术、财务、法律或者行业管理方面的特长，能够为董事会决策提供咨询意见。早在 1992 年，美国学者 Ada. Demb 和 F. -Friedrich Neubauer 就对这一现象进行了调研，调查中发现更多的独立董事更认同咨询角色，更愿意利用专业才能为公司建言献策。[1] 近年来，经济学界展开了对独立董事与公司绩效关系的讨论，其展开讨论的前提就是独立董事为公司提供咨询。

独立董事的功能在中国移植的过程中发生了异化。这种异化主要体现在三个方面，具体如下：

第一，监管职能弱化或失效。独立董事制度的监管功能在股权分散的美国公司中尚且举步维艰，面对一股独大的中国公司，几乎完全失效。一方面：独立董事的聘请通常由股东大会所决定，在大股东能够通过表决权的行使控制股东大会的情况下，独立董事的选聘实际是由大股东所决定的。这样的独立董事必然变为"懂事"。另一方面，独立董事无法从大股东以及大股东控制的管理层处获得充分的信息，在信息受限的情况下，监管工作无法实际开展。

第二，咨询功能凸显。"在美国，担任独立董事的人士囊括其他上市公司的总裁、退休的公司总裁、大学校长、退休的政府公务员、成功的个体商人、独立的投资者等。"[2]我国独立董事的人员构成与美国亦有相似之处。独立董事具备很强的专业知识，涉及法律、财务、工程技术等各个方面，能够为企业提

---

〔1〕 See A. Demb, and F. -Friedrich Neubauer, The corporate board, Confronting the paradoxes, Oxford University Press, Oxford, 1992Jun; 25（3），pp. 9~20.

〔2〕 刘俊海："我国〈公司法〉移植独立董事制度的思考"，载《政法论坛》2003 年第 3 期，第 48 页。

供咨询，可以引导董事会决策更加科学化。

第三，寻租功能产生。独立董事制度在中国落地之后，我国上市公司聘请离退休官员担任独立董事的意愿极强。据统计，"2013年末2500余家上市公司中共有816家聘请官员独董1101人次，平均不到3家公司即有1人次官员独董，其中甚至不乏省部级高官"。[1]2013年10月颁布《关于进一步规范党政领导干部在企业兼职（任职）问题的意见》后，产生了官员独董的辞职潮。然而官员独董的辞职并不能割断公司希望独立董事能够带来政治资源和政策相关优势信息的寄托。一般认为，聘请具有政治联系的独立董事可以为公司带来融资便利和政府补贴。

笔者对独立董事制度异化所产生的寻租问题表示深刻的担心。利用政治资源和政策相关优势信息的确能够在短期内提高企业的绩效，但政商之间通过独立董事制度架起关联，必然产生巨大的寻租空间，恶化营商环境，最终会伤害企业和市场经济的发展。

（三）双重监督机制必要性的争议

独立董事是否能够发挥监督作用，独立董事制度是否能够实现制度目标，独立董事制度应否继续存在以及应以何种面貌融于企业治理，这些问题在商事法律研究中存在很大争议。有的学者认为监事会制度和独立董事制度应当共存互补；有的学者认为监事会制度和独立董事制度不应当共存，独立董事制度毫无价值；有的学者认为独立董事制度和监事会制度不能并存于同一公司之中，但可兼容于同一国家之中。笔者认为独立董事制度的运行效果弊大于利，独立董事制度不能作为监事会监督机制的补充引入农村股份经济合作社治理之中。

---

[1] "前7个月每天至少有一名独董辞职"，载《河南商报》2014年8月6日。需指出的是，他们定义的官员独董涵盖了事业单位党政领导。

1. 观点一：监事会制度和独立董事制度应当共存互补

持该观点的学者认为，监事会制度和独立董事制度存在实质性差异，二者可以并行不悖地存在于公司监督机制中，甚至能够实现功能上的相互补充。

持这种观点的学者主要从三个维度来支撑论证：其一，从法律地位来看，独立董事作为董事会成员，在董事会中具有表决权；监事虽然可以列席董事会但是不享有表决权。其二，从监督过程来看，独立董事在董事会中享有表决权，参与董事会的决议，可以起到事前监督和事中监督的功能；监事会只能发挥事后监督的功能。其三，从制度功能来看，独立董事多由行业专家兼任，能够在董事会决策中发挥战略引领功能，而监事会则完全不具有这一功能。

2. 观点二：监事会制度和独立董事制度不应当共存

这种观点以江平教授为代表。如2003年发表在《中国法学》上的《论公司内部监督机制的一元化》一文。[1]持该观点的学者认为，监事会制度和独立董事制度产生的实践基础和法理基础完全不同，功能上存在交叉重叠，没有并存的必要，二者并存弊大于利，会引起监督资源的浪费和监督效果的削弱。

持这种观点的学者主要从以下几个方面进行论证：其一，我国监事会制度失效的原因并不在于监事会制度出了问题，而在于监事会制度的执行出了问题。我国公司监督机制在执行层面存在问题，独立董事制度在理论上再完备，也难在实践中发挥效用。其二，独立董事制度与监事会制度重叠，引入独立董事制度不仅不能增强公司监督机制，反而会削弱两者功能的发挥。其三，独立董事制度的引入将大大增加企业的监督成本。

---

[1] 参见江平、邓辉："论公司内部监督机制的一元化"，载《中国法学》2003年第2期，第79~86页。

第六章　农村股份经济合作社的监督机构

目前，我国企业除监事会，还设有职工代表大会、工会、党委、纪律检查委员会等可发挥监督作用的机构，再加上独立董事制度，监督制度的冗余将成为企业难以承受之重。

3. 观点三：独立董事制度和监事会制度不能并存于同一公司之中，但可兼容于同一国家之中

持该观点的学者认为，独立董事制度和监事会制度不能兼容于同一公司的监督机制中，但能够兼容于一国的公司监督机制之中。典型代表如清华大学的施天涛教授[1]和中国政法大学的孙强教授。[2]

持这种观点的学者主要从日本引入独立董事制度的实践分析出发，认为公司情况不同，可以赋予公司自主选择适合自身监督机制的权利。在这种模式中，公司可以选择监事会或者独立董事之一作为监督机构，同时，为了避免制度冗余所带来的弊端，立法应当建议公司避免适用监事会和独立董事并行的架构。

4. 笔者观点：监事会制度和独立董事制度不能并存于农村股份经济合作社之中

监事会制度与独立董事制度同存于一个商事组织中，会产生制度冗余、职责冲突和资源浪费。其一，监事会制度和独立董事制度目的基本一致。其二，监事会的监督范围全部涵盖了独立董事的监督范围。其三，监事会和独立董事的监督职权大部分重合，在已经设立监事会的情况下，没有必要补充设立独立董事。甚至补充设立独立董事会导致农村股份经济合作社内

---

[1] 参见施天涛："公司法的自由主义及其法律政策——兼论我国《公司法》修改"，载《环球法律评论》2005 年第 1 期，第 81~88 页。

[2] 参见孙强："论上市公司内部监督机制的重构"，载《宁夏大学学报（人文社会科学版）》2011 年第 1 期，第 137~141 页。

部监督机构之间产生权利冲突、资源争夺、责任推诿等问题，还有可能会削弱农村股份经济合作社监事会的监督效力。

另一方面，监事会制度与独立董事制度同存于一国中亦不可取。"学习日本让公司自主选择监事会或者独立董事，由于监督制度的重要性以及独立董事制度的水土不服，让公司选择无疑会制造混乱，毫无妥当性。"[1]

值得一提的是，我国《农民专业合作社法》也并未引入独立董事制度。2006年《农民专业合作社法》制定之时，独立董事制度已经在上市公司领域施行，2017年《农民专业合作社法》修订之时，独立董事制度已经在公司领域试行和施行近20年，但《农民专业合作社法》一直没有引入独立董事制度。我们在此冒昧地就2017年修法时立法者的意图进行两方面不严谨的揣测：一是，立法者可能认为该法所构建的监督机制能够满足农村专业合作社的需求，不需要格外引进独立董事制度；二是，立法者可能已经认识到独立董事制度的缺陷，认为农村专业合作社不宜引进独立董事制度。

我国应该立足监事会制度，吸收独立董事制度的理念，而非移植其具体制度就我国商事组织的监督机制予以完善。

第四节 监事会的职权与组成

一、监事会的职权

农村股份经济合作社监事会的职权应当包含监督权和监督权行使保障权两个方面。监督权是农村股份经济合作社监事会

---

[1] 甘培忠："公司监督机制的利益相关者与核心结构——由中国公司法规定的监督机制观察"，载《当代法学》2006年第5期，第26页。

的核心权力,监督权行使保障权是确保监督权有效行使的配套权力。要使农村股份经济合作社监事会有效发挥监督权力,监督权和监督权行使保障权二者缺一不可。

如前所述,不同国家虽采用了不同的监督机构设置模式,至今已经形成了共通的监管理念:①独立性是监督机构实现制度目标的基础保障;②知情权获得满足是监督机构有效行权的核心关键;③任免提名权是监督机构威慑经营管理者的有力措施;④全阶段的监管参与效果优于单纯的事后监管;⑤审计制度对于内部监督至关重要。我们构建农村股份经济合作社的监事会职权也应遵循这些共通的理念。

具体来说,本书认为农村股份经济合作社的监事会,至少应当具备以下职权:

(一)监督权

1. 财务监督权

财务状况能够直接反应农村股份经济合作社的经营情况,是考察、评判、监督农村股份经济合作社经营管理层业务行为的最直接参考标准。各国法律均赋予了监督机构财务监督权。我们也应该赋予农村股份经济合作社监事会这一职权。

我国《公司法》和《农民专业合作社法》对监事会财务监督权的规定较为抽象,没有规定财务监督权的具体范围和行使方式。公司法在抽象规定之外,规定监事会可以聘请会计师事务所协助其工作。相较于我国法律的抽象式表达,国外立法对财务监督权的规定更加细致。如《德国股份公司法》规定,监事会成员或者聘请的业务专家,可以检查公司的账簿和财产,该财产包括现金、有价证券和商品库存。再如《德国商法典》规定,监事会可以委托审计员对年度账目进行审查;《日本公司法》规定,监事可以随时向董事、经理和财务人员索要事业报告。美国的诸多司法判例也在不断强调,审计委员会具有审查公司披露信息的权利和义务;有权聘请外部审计。

笔者认为,法律应当就农村股份经济合作社的财务监督权作出细致的规定,内容可以包含:①农村股份经济合作社的监事有权自己或者委托专家在任何时候对农村股份经济合作社的财务账簿、账户和凭单以及实物财产进行检查;②有权要求管理层在指定时间内就相关事情予以说明;③有权聘请外部审计人员。

2. 业务监督权

业务监督权,是指农村股份经济合作社监事会以及监事享有对董事会和经理的经营管理业务和行为进行监督的职权。按照监督参与的业务阶段不同,可以将业务监督分为事前监督、事中监督和事后监督。现在各国普遍认同监督机构全过程参与监督的效果要好于孤立的事后监督。按照监督权力的监督范围,又可以将业务监督分为合法性监督和妥当性监督。笔者认为监事会的监督范围一般情况下应当仅限于合法性监督。"如果监督者拥有妥当性监督权,经营者的经营判断就会受到束缚,经营者的自发性就会受到抑制,而且,如果监督者的经营判断优先于经营者的经营判断,这也有违于公司内部机关分化和职权划分的基本宗旨。"[1]监督者能否判断经营者行为的妥当性也存在疑问。同时,在特殊事项中应当赋予监督者妥当性监督权,如经营管理者的自我交易、自我借贷、自我担保。

结合各国立法经验,法律应当就农村股份经济合作社的业务监督权作出细致的规定,内容可以包含:①监事会有对经营管理者职务行为进行监督的职权;②监事会有列席董事会并提

---

[1] [韩] 李哲松:《韩国公司法》,吴日焕译,中国政法大学出版社 2000 年版,第 531 页。

出意见的权利;③监事会有权纠正经营管理者的违法行为;④监事会有对经营管理者的质询权,可以要求经营管理者在合理期限内就农村股份经济合作社的经营业务相关事项进行说明。⑤监事会享有"业务保留权",在经营管理层与股份经济合作社的关联交易中,监事会享有一票否决权。借鉴《德国股份公司法》的经验,监事会否决的,董事会可提议股东大会以四分之三多数决议通过。

3. 人事监督权

人事监督权,指农村股份经济合作社监事会对董事会和经理等经营管理者享有某种程度影响的权利。人事监督权通常包含:选任或者提名选任董事和经理的权利;罢免或者提名罢免董事和经理的权利。

在德国公司"垂直二元"的监督管理体制中,董事会的任免、薪酬均由监事会决定。在德国合作社"平行二元"监督管理体制中,监事会也有权根据自己的判断直接作出解除董事和经理,直至股东大会作出决定。在日本和美国的独立董事制度中,提名委员会中的独立董事也享有董事和经理的提名权。

赋予农村股份经济合作社以人事监督权,能够提高监事会的法律地位,能够对经营管理者形成强大的震慑和制约作用。但是,本书认为不宜赋予监事会过大的人事任免权。在选任方面,董事的选任应当由社员大会直接进行。对经理的任免涉及经营管理事务,把经理的提名权交由董事会更具效率。在罢免方面,监事会如果滥用职权罢免董事和经理,会使农村股份经济合作社的运行陷入僵局。因此,笔者认为将监事会的人事任免权限于罢免提议权较为合理。农村股份经济合作社的监事会可以提议召开社员大会,向社员大会提议罢免董事和经理。

(二) 监督权行使保障权

1. 知情权

知情权是监督权有效行使的基础保障。农村股份经济合作社监事会的监督范围涉及经营管理的各个阶段和各个方面。笔者建议，应当赋予农村股份经济合作社监事会全面的知情权。相关立法要注重对监事知情权的细化和保护。

结合各国立法经验，法律应当就农村股份经济合作社的知情权作出细致的规定，内容可以包含：①监事会可以向董事会索取一切业务信息；②监事会可以向所有经营管理人员索取一切业务信息而不必预先获得董事会同意；③监事会可以列席董事会并提出质询和意见；④凡须经董事会决策的事项，应当提前通知监事会并提供足够的材料。⑤监事具有亲自或委托专业人员就财务信息进行检查的权利。

2. 社员大会的提议召集权、召集与主持权

社员大会提议召集权是指农村股份经济合作社的监事会有权向负责召集社员大会的机构提议召开社员大会。社员大会召集权是指农村股份经济合作社的监事会在特定的情况下具有自行召集和主持社员大会的权利。

各国立法一般将社员大会的召集权赋予董事会。当董事会无法召开或者不愿意召开社员大会的时候，监事会可以提议召开社员大会。监事会召集社员大会应当是一种例外情形，是对董事会召集权的补充。一般要求召集原因具有重大性和紧迫性。监事会提议召开社员大会的动因可以产生于监事会内部，也可以是应一定数量社员的申请。当符合法定数量的社员提议董事会召集社员大会而董事会不予召集的情况下，监事会应予以召集。

笔者建议相关立法可以赋予农村股份经济合作社的监事会

以社员大会提议召集权、召集权和主持权。

3. 监督费用自由支配权

农村股份经济合作社的监事行使职权需要有经费作为保障：一部分是其自身行使职权的费用；另一部分是其委托专业人员进行协助的费用。

本书建议，赋予农村股份经济合作社监事会以独立的预决算权利。根据监事会的预算，农村股份经济合作社每年应该设置一定的经费额度，在额度内，监事会可以自由支配财务，而不需经过董事会的许可。

4. 诉讼代表权

农村股份经济合作社的代表权一般由经营管理者所享有。在特殊情况下，农村股份经济合作社的监事会得以代表农村股份经济合作社对外发生关系，这一特殊情况，一般是指对外诉讼的情形。

当经营管理者侵犯农村股份经济合作社权益的时候，农村股份经济合作社需要通过诉讼寻求救济。农村股份经济合作社的日常代表机关是经营管理机构，当需要起诉其代表机关之时，农村股份经济合作社需要另寻机关代表自己行使权利。

赋予农村股份经济合作社诉讼代表权，可以启动外部司法程序对经营管理者的违法事项的监管，可以作为内部监管失效后的有效补充。

在法律的规定之外，农村股份经济合作社还可以通过章程和社员大会赋予监事会更多的权利。

二、监事会的组成

（一）监事会的规模

农村股份经济合作社的规模不宜过大也不宜过小。如果人数过少,则可能无法应对农村股份经济合作社内部错综复杂的经营管理事务;如果人数过多,一则浪费公司资源,增加监督成本,二则众多成员也可能会形成内部矛盾,影响决策效率。

从立法例上来看,各国一般只规定监事会人数的下限,而不规定上限。如我国《公司法》要求除了人数或规模较小的有限公司,其他公司均应设立人数不少于3人的监事会,其中国有独资公司监事会成员不得少于5人。

笔者认为,农村股份经济合作社社员人数较多,资产体量较大,业务繁多,社员大会对经营管理者的制约力量较弱,因此,监事人员不宜过少。法律可以为其设置最低3人的限度,如果农村股份经济合作社认为有必要,可以增加人数。

(二)监事会的结构

监事会的结构,指监事会包含哪些种类的人员。在公司法中,有职工监事与股东监事之分,也有内部监事和外部监事之分。

1. 农村股份经济合作社监事会不包含非社员雇员监事

我国非常强调职工参与企业经营管理的理念。我国《公司法》规定,公司的监事会应当包含不少于三分之一的职工监事。公司单独设立职工监事的原因,在于公司股东和公司职工高度分离,股东意志与职工意志并不相同。但是在农村股份经济合作社中,股东和职工的重合度非常高,股东意志与职工意志几近相同。

虽然,农村股份经济合作社的社员与职工并不完全重合,有的社员不是职工,有的职工不是社员,但是从农村股份经济合作社的运行整体来看,非社员的职工比例不高。所以在农村股份经济合作社中没有必要单独设置职工监事。

2. 农村股份经济合作社监事会应当包含内部监事和外部监事

"外部监事,指该监事除担任监事职务外,与所任职的公司不存在任何影响其独立性判断的因素。"[1]外部监事制度由日本商事法律所创设。1993 年《日本商法典》在修订过程中,吸收美国独立董事制度的理念,在监事会中设立了独立监事。理论上认为,独立监事相较于内部监事,更加具有独立性和专业性。

笔者认为,应当为农村股份经济合作社监事会引入外部监事,农村股份经济合作社监事会应当包含不少于一名的外部监事。这里试举一例用以说明外部专业人员的重要作用。2017 年山东省青岛市黄岛区开展了大范围的农村集体产权制度改革,各农村集体经济组织纷纷改制成立农村股份经济合作社。改革初期,农民自行组织改革,遇到了很大的困难。后来,政府为每个村配置了一名律师、一名会计师协助村民处理法律和财务上的专业事情。实践证明,法律和财会人员在农村产权改革和农村股份经济合作社建立过程中,发挥了巨大的推动作用,受到农民的接受和热烈欢迎。

外部监事的制度将在下文独立进行论述,在此不予展开。

3. 监事的任职资格

监事是监事会的成员。"明确监事的资格,有利于将忠于合作社使命,忠于社员利益,能够独立公正履行监督职责的人选拔出来。"[2]监事的任职资格主要包含能力要件、身份要件、独立性要件和道德要件。

---

[1] 胡坚:"股份公司监事会制度研究",西南政法大学 2010 年博士学位论文,第 57 页。

[2] 张满林:"我国农民专业合作社治理问题研究",北京林业大学 2009 年博士学位论文,第 134 页。

（1）能力要件。能力要件包含民事行为能力要件和业务能力要件。

首先，农村股份经济合作社的监事需要具备完全的民事行为能力。需要指出的是，完全的民事行为能力不仅与年龄有关，也与精神状况有关。根据我国《民法总则》的规定，年满18周岁为完全民事行为能力人。16周岁以上的未成年人，以自己的劳动收入为主要生活来源的，视为完全民事行为能力人。

其次，农村股份经济合作社的监事需要具备一定的业务能力。农村股份经济合作社监事会的监督职责极为广泛、细致和专业，监事们负有业务监督、财务检查、代表诉讼的责任，这对监事的自身素质提出了较高的要求。理论上来说，监事们需要在一定程度上具有较为扎实的经营管理学、会计财务学以及法学等方面的专业知识。然而，实践中这是不现实的，农民的受教育程度是无法具备这些要求的。我们无法从立法上对内部农民监事提出如此高的资质要求，只能通过两个渠道来予以解决：一是政府农村农业部门要加强对监事相关业务的培训，二是聘请具有相关资格的外部监事。对于外部监事，本书认为法律应当要求其具备法律或者会计、审计方面的专业资格，不能是任意的外部人员。

（2）身份要件。域外不同国家立法例对合作社的监事是否必须具有社员身份态度截然不同。《德国工商业与经济合作社法》《意大利民法典》，以及我国《农民股份经济合作社法》均要求监事必须是合作社社员。[1]而《瑞士债法典》则认为监事并不一定需要具备社员身份，公共机构、信用团体或者审计师

---

[1] 参见《德国工商业与经济合作社法》第9条；《意大利民法典》第2544条；我国《农民专业合作社法》第33条。

协会也可被任命为监事。[1]

各国合作社法律规定监事必须由社员担任，在于对"民主控制"理念的遵循。此外，《德国工商业与经济合作社法》对合作社做了强制参与审计协会的要求，如果合作社不属于任一审计协会，法院得宣布其解散。在具备强制外部审计的情况下，企业内部对专业外部监事的需求大大减弱。

笔者认为，从长远来看，德国合作社的强制外部审计的制度值得我们学习，但是短期内，国内还难以建立面向广大农村股份专业合作社的中介型外部审计机构，所以，在建立起外部强制审计机制之前，还是应当以强制法律的形式鼓励农村股份经济合作社聘请外部专业人士提供帮助。

（3）独立性要件。独立性要件，指农村股份经济合作社的监事与经营管理者在利害关系上的独立。保持监督机构的独立性是各国法律的共同追求，各国公司法律与合作社法律无一例外地要求董事、经理等经营管理人员不得兼任监事。

《德国工商业与经济合作社法》和《芬兰合作社法》明确规定经营管理人员不得兼任监事。我国《农民专业合作社法》也规定董事和经理乃至财务人员不得兼任监事。[2]

笔者认为，应当在相关法律中作出明确的禁止兼任规定。不但监事不能由经营管理人员兼任，也不能由经营管理人员的近亲属兼任。

（4）道德要件。各国立法例多从消极方面就监事的道德要件进行规定。如因特定犯罪（如贪污、贿赂、侵占财产、挪用财产或者破坏社会主义市场经济秩序罪）而被追究刑事责任之

---

[1] 参见《瑞士债法典》第906条。
[2] 参见《德国工商业与经济合作社法》第37条；《芬兰合作社法》第85条；我国《农民专业合作社法》第33条。

人、恶意未清偿债务之人,以及对企业破产承担个人责任之人不得担任监事。

我国《公司法》对监事的道德要件作出了较为明确的规定,而《农民专业合作社法》却对此只字未提。我们在未来农民股份经济合作社相关立法中,应当对此进行细致规定。

三、外部监事

"外部监事,是指该监事除担任监事职务外,与所任职的公司不存在任何影响其独立性判断的因素。"[1]外部监事制度由日本商事法律所创设。1993年,《日本商法典》在修订过程中,吸收美国独立董事制度的理念,在监事会中设立了独立监事。我国澳门地区1999年修订《商法典》之时也引入了外部监事制度。理论上认为,相较于内部监事,独立监事更加具有独立性和专业性。

(一) 外部监事制度的含义和立法目的

实践中,我国有的公司进行了外部监事制度的探索,但是在立法上,还未对这一制度予以确认。外部监事制度的法律含义和实际功能具体为何,我们可以从日本监事制度的法律变革中窥出端倪。1899年《日本商法典》明确赋予监事会两项职能,一是业务监督职能;另一是财务监督职能。1950年《日本商法典》受就近监管理念的影响,将监事会的业务监督职能转售于董事会,监事会只保留了财务监督职能。1950年的制度变革经得住实践的检验,人们不得不重新定位监事会的监督功能。1974年《日本商法典》再次赋予监事会以业务监督权,并扩大了监督权的行使权限,如允许监事列席董事会并提出建议、代

---

[1] 胡坚:"股份公司监事会制度研究",西南政法大学2010年博士学位论文,第57页。

表公司进行诉讼等。1993年《日本商法典》要求大公司必须设立1名以上由注册会计师或者会计法人担任的外部监事。[1]

从日本监事制度的变革中可以看出：其一，监事来自"外部"是该制度的具体表现形式。监事的"外部"性蕴含着监事的"独立性"，如监事产生于公司内部，必然受制于大股东抑或经营管理者；监事产生于外部，则可因为行业纪律或者社会声誉的制约而保持一定的独立性。其二，监事需要是专业会计人员，立法目的在于补足内部监事财务监督能力欠缺的短板。

(二) 农村股份经济合作社应当设立外部监事

本书认为，我国农村股份经济合作社应当设立外部监事，主要理由有三：

第一，农村股份经济合作社存在对专业审计的需求。审计是最好的财务监督方式。农村股份经济合作社的社员监事往往并不具备专业审计的能力。所以需要从外部聘请专业人员进行审计。

第二，我国缺乏外部审计机制。当前各国立法者已经普遍认识到审计对于监督经营管理者的重要意义。有的国家在立法例上侧重于构建外部审计机制，有的国家在立法例上侧重于构建内部审计机制。如果具备较强的外部审计机制，则可以在内部审计制度的设计上予以弱化，以节省监督资源。但是我国目前并不具备任何外部审计机制，建立较强的内部监督机制具有必要性。

第三，有必要赋予外部专业人员以监事表决权。如果不赋予外部专业人员以监事身份，外部专业人员依然可以受监事会聘任开展审计工作。是否赋予外部专业人员以监事身份，核心

---

[1] 参见杨帆："论公司治理结构中的外部监事制度"，载《法学》2001年第12期，第68~71页。

差别在于是否授予外部专业人员以监事表决权。赋予外部专业人员以表决权，可以强化他们的监督职能。在内部监事独立性受损的情况下，外部专业人员可以通过表决权的行使起到农村股份经济合作社"看门人"的作用。

（三）外部监事的任职资格

独立董事制度引入我国后迅速异化，上市公司多倾向于聘请具有政治资源联结功能的人物担任独立董事。这一情况的出现一方面与我国独特的政商环境有关，虽然政府不断强调要促使市场在资源配置中起决定性作用，但是政府依然具有强大的资源配置能力。聘请能够联结政府资源的独立董事能够给公司带来巨大利益。另一方面，也与我国对独立董事任职资格设置过于宽泛有关。我国《公司法》和证监会发布的《关于在上市公司建立独立董事制度的指导意见》均未将独立董事的人选限定于律师、注册会计师等专业人士。

在农村股份经济合作社外部监事制度构建过程中，应当回归外部监事的制度设计本意，将外部监事的任职资格限定为注册会计师和律师。注册会计师能够通过审查财务信息开展财务监督，律师则能够通过审查农村股份经济合作社的规范性文件、商事合同等开展业务咨询。财务监督较之业务监督能够更直接地反映出农村股份经济合作社的经营异常，所以如果农村股份经济合作社仅有能力设置一名外部监事，应当设置会计监事。

（四）政府应开展对农村股份经济合作社外部监事制度的财政支持

当前并非所有农村股份经济合作社都实现了营利，在没有营利的合作社中，农民不愿意自掏腰包出钱聘请外部专业人员。但是对于每一个农村股份经济合作社来说，无论营利与否，专业的审计人员都是必不可少的。政府可以将农村股份经济合作社外部监事制度的构建作为政府资农工作的一部分,予以财政资金扶持。

此外,政府在为农村股份经济合作社外部监事制度提供财政支持的同时,还应当致力于建立繁荣的中介机构市场,促进律师、注册会计师行业的行业自治、行业自律和个体人员的道德建设。只有中介机构及其人员能够为行业规范和职业道德所约束,才能够真正具有独立性,才能够保障监督工作的真实有效。

第五节　内部监督机制的协调

笔者建议以监事会作为农村股份经济合作社的监督机构,但在农村股份经济合作社中,承担监督职能的机构和部门却并非监事会一家,社员、社员大会、董事会以及党组织都从不同的角度和层面,针对不同的对象发挥着不同的监督功能,这些部门与监事会一起构成了农村股份经济合作社内部监督机制的有机整体。

一、社员大会和社员的监督

(一) 社员大会的监督

农村股份经济合作社由社员集体所有,社员大会是农村股份经济合作社的最高权力机构。农村股份经济合作社的社员可以通过社员大会选举和任免董事、监事和经理,审议、批准或否决公司经营者滥用职权或者违法行权的事项,决定关系到农村股份经济合作社和社员根本利益的重大事项等,实现对经营者的监督。

(二) 社员的监督

社员行使监督权的具体形式主要包括提案权、质询权、表决权和诉讼权。这些权利，我们已经在前文社员权利部分作了详细解析，在此不再赘述。农村股份经济合作社相关立法应当对社员的监督权予以充分保障，相应地规定董事会和监事会的义务和责任，并且赋予其相应的救济措施。

二、董事和董事会的监督

董事会制度的产生，就在于以集体决策的行事对经理的个人专断予以监督和制约。虽然我们建议在农村股份经济合作社中设立专门的监事会作为监督机构，但是董事会对经理的监督作用依然不容小觑。一是，董事和董事会对于经理具有监督能力。日本学者末永敏和认为："董事会对代表董事的业务执行具有监督机能，董事作为董事会成员之一，在有关董事会会议上对提出的和未提出的事项均具有监督义务。"[1]二是，董事和董事之间能够形成相互监督。韩国学者李哲松认为："董事的监督权是董事相互之间发现对方有违法、不当行为，并向监督、监察机关号召纠正该行为的一种手段。"[2]

三、农村股份经济合作社内党组织的监督作用

农村股份经济合作社的发展离不开党和政府的支持，农村股份经济合作社应当设立党组织，根据规模的大小和党员人数的多少，可以设立党委员会、总支部委员会或者支部委员会。

监督工作应当是农村股份经济合作社内党组织的重要工作之一。如果党组织发现农村股份经济合作社中的董事、监事、

---

[1] [日]末永敏和：《现代日本公司法》，金洪玉译，人民法院出版社2000年版，第161页。

[2] [韩]李哲松：《韩国公司法》，吴日焕译，中国政法大学出版社2000年版，第481页。

经理存在违反法律、农村股份经济合作社章程或者社员大会决议的情况，可以向监事会反映情况，监事会不愿处理或者处理不能的情况下，党组织可以提议监事会召集或者自行召集社员大会。

第七章 结 论

农村股份经济合作社是在坚持农民集体所有的前提下,将农村集体资产可分配权益折股量化到人,社员民主控制,按股分红的一种合作社法人。农村股份经济合作社既不同于股份公司,也不同于农民专业合作社。从经济形式来看,农村股份经济合作社是集体经济;从组织形式来看,农村股份经济合作社是合作经济;从经济利益分配形式上来看,农村股份经济合作社具有股份制特性;从农村集体产权制度改革目标来看,农村股份经济合作社具有营利性;从股权结构来看,呈现出股权均等分散和社员紧密结合的特性。

不同立法例上不同商事组织的不同组织机构法权模式,均不必然具有绝对的制度优越性。任何组织机构的法权模式要想有效实现制度目标,均需与其所服务的商事组织的特性高度契合,并与该商事组织的内外环境相匹配。农村股份经济合作社的特性,是本书开展其组织机构模式选择的立足点。我们不能忽略农村股份经济合作社的特性而直接安排其适用为别的民商事主体量身打造的组织机构。本书立足农村股份经济合作社的特性,充分考虑其存在的时空环境,以股东至上原则、分权制衡原则、民主控制原则、强制性规范原则、私法自治原则为指导,运用商事组织治理理论,为农村股份经济合作社的组织机构构建适宜高效的法权制度。

第七章 结 论

我国《物权法》第59条规定:"农民集体所有的不动产和动产,属于本集体成员集体所有。"农村股份经济合作社作为农村集体经济组织的一种,要实现农村集体成员集体所有,其最高权力机构只能是由农村集体成员集体所组成的社员大会。农村股份经济合作社应当受社员大会所产生的集体意志所控制,而不是被任何其他意志所控制。这也是农村股份经济合作社独立法人地位的根本要求。笔者还认为,农村股份经济合作社的权力机构不宜采用社员代表大会的形式作为补充,社员代表大会会造成社员大会虚置、内部人控制等问题,并且,社员大会职权的有限保留和互联网技术的发展为大规模社员大会的召开和有效决议提供了可行性。

关于农村股份经济合作社社员大会的决议形式,笔者认为,农村股份经济合作社的本质是合作社,合作社强调民主控制,农村股份经济合作社社员大会的表决形式应当采用"一人一票"的成员多数决形式,而非"一股一票"的资本多数决形式。本书在此问题上展开了深度论述,认为采用"一人一票"的表决方式具有避免私有化、避免滑向资本控制以及充分保护农民利益的优点。

农村股份经济合作社社员人数众多,成千上万,经营管理事务千头万绪。农村股份经济合作社的社员大会无法以决议的方式对所有的事务进行经营管理,需要通过"委托——代理"的架构授权给专门机构或者人员。社员大会把握农村股份经济合作社的控制权,并非事无巨细地全面参与到农村股份经济合作社的建设之中,仅仅需要掌控事关农村股份经济合作社发展的根本性、决定性事务就可以了。笔者还认为应当构建以经营管理者为中心的法权模式,法律和农村股份经济合作社章程未予规定的剩余权利应当由董事会享有,并且社员大会不能就董事会职权范围内的事项直接作出决策或者任意变更董事会的合法决议。

所有权与经营管理权的分离，并不必然产生董事会制度。当资本所有者们无力或者厌倦亲自处理经营事务，又迫切希望追逐资本所产生的红利时，有两种方法可以帮助其从所有者全体会议的繁冗低效中解脱：其一，考察并选择一个人，派遣"这一个人"处理具体的经营事务；其二，考察并选举出一些人，由"这一些人"组成一个更小的集体，并由之处理具体的经营事务。前者形成"资本所有者——经理人"的模式，后者形成"资本所有者——董事会（经理）"的模式。笔者就董事会制度的起源进行了考察，发现董事会制度的目的在于对经理个人专断的制约和股东不同利益的平衡。在这一考察分析的基础上，笔者认为应当以"资本所有者——董事会（经理）"的模式作为农村股份经济合作社经营管理机构的法权模式选择，董事会是经营管理机构的决策者，经理是经营管理机构的执行者，未明确赋予经理的剩余经营管理权利应当归属于董事会。当然，经理的任何执行行为也均包含有决策的内容，董事会和经理具体经营管理权的划分还是要交由农村股份经济合作社自治决定。

经营管理者难以像管理自己事务一样勤勉谨慎地管理所有者的资产，甚至会为实现自身利益最大化而甘冒道德风险，利用直接掌控的经营管理权和信息优位损害所有者利益。为了保障所有者的利益，必须构建有效的监督机制。企业的监督机制包括内部监督机制和外部监督机制，二者"如鸟之两翼、车之两轮，不可偏废"。本书研究的对象是农村股份经济合作社组织机构的法权模式，只包含内部监督机制部分。笔者在对独立董事模式和不同的监事会模式进行比较分析的基础上，认为每种

第七章 结 论

监督管理机构的产生和变革，都受各国过去复杂的社会、文化、政治、法律、历史等背景因素的影响。农村股份经济合作社股权结构呈现出"紧密型分散"的特点，以监事会作为内部监督机构更有制度优势。同时，笔者认为，独立董事制度不宜与监事会制度并存于农村股份经济合作社制度之中，我们应当吸收独立董事制度的优秀理念而非其制度本身。

综上，笔者为农村股份经济合作社构建了"权力机构——经营管理机构——监督机构"的组织机构模式，其中权力机构为社员大会，实行"一人一票"的民主表决；经营管理机构为董事会和经理，董事会是经营管理机构中的决策者，经理是经营管理机构中的执行者；监督机构为监事会，不并行独立董事制度。

参考文献

一、外文类参考文献

(一)　外文译著

[1] [美] 阿道夫·A. 伯利，加德纳·C. 米恩思：《现代公司与私有财产》，甘华鸣译，商务印书馆 2005 年版。

[2] [美] Frank H. Easterbrook、Daniel R. Fischel：《公司法的经济结构》，张伟建、罗培新译，北京大学出版社 2005 年版。

[3] 《马克思恩格斯全集》，人民出版社 2012 年版。

[4] [美] 罗纳德·哈里·科斯：《企业、市场与法律》，盛洪、陈郁译校，格致出版社、上海三联书店、上海人民出版社 2009 年版。

[5] [美] 弗兰克·H. 伊斯特布鲁克等：《公司法的逻辑》，黄辉译，法律出版社 2016 年版。

[6] [澳] 斯蒂芬·波特姆利：《公司宪治论——重新审视公司治理》，李建伟译，法律出版社 2019 年版。

[7] [法] 孟德斯鸠：《论法的精神》，许明龙译，商务印书馆 2012 年版。

[8] [美] 沈四宝编译：《最新美国标准公司法》，法律出版社 2006 年版。

[9] [美] 罗伯特·W. 汉密尔顿：《美国公司法》，齐东祥译，法律出版社 2008 年版。

[10] [英] 丹尼斯·吉南：《公司法》，朱羿锟等译，法律出版社 2005 年版。

[11] [法] 托克维尔：《论美国的民主》，董果良译，商务印书馆 2009 年版。

[12] [英] 亚当·斯密：《国民财富的性质和原因的研究》，郭大力、王

亚南译，商务印书馆 1972 年版。

［13］［美］奥利弗·哈特等：《不完全合同、产权和企业理论》，费方城、蒋士成译，格致出版社、上海三联书店、上海人民出版社 2016 年版。

［14］刘成杰译注：《日本最新商法典译注》，中国政法大学出版社 2012 年版。

［15］［奥］冯·哈耶克：《个人主义与经济秩序》，贾湛等译，北京经济学院出版社 1989 年版。

［16］［美］美国法律研究会：《公司治理原则：分析与建议》，楼建波等译，法律出版社 2006 年版。

［17］［日］青木昌彦、钱颖一主编：《转轨经济中的公司治理结构：内部人控制和银行的作用》，中国经济出版社 1995 年版。

［18］费安玲等译：《意大利民法典（2004 年）》，中国政法大学出版社 2004 年版。

［19］杜景林、卢湛译：《德国商法典》，中国政法大学出版社 2000 年版。

［20］［日］卞耀武主编：《日本国商法》，付黎旭、吴民译，法律出版社 2000 年版。

［21］吴日焕译：《韩国商法》，中国政法大学出版社 1999 年版。

［22］［英］亚当·斯密：《国民财富的性质和原因的研究》（下卷），郭大力、王亚南译，商务印书馆 1974 年版。

［23］［日］河本一郎：《现代公司法》，东京商事法务出版社 1989 年版。

［24］吴建斌主编：《日本公司法规范》，法律出版社 2003 年版。

［25］［韩］李哲松：《韩国公司法》，吴日焕译，中国政法大学出版社 2000 年版。

［26］［日］末永敏和：《现代日本公司法》，金洪玉译，人民法院出版社 2000 年版。

（二）外文期刊

［1］United States Department of Agriculture: "Cooperative Information Report 55-An Introduction to Cooperatives", April 1997, Revised November 2012.

［2］Evens and stokdyk, the law of agricultural marketing, lawyers vooperative publishing co, 1937.

［3］ Statement on the Co-operative, International Co-operative Alliance, 1995.

［4］ Henry Hansmann and Reinier Kraakman, The Essential Role of Organizational Law, 110 Yale Law Journal 387-440 (2000).

［5］ Melvin A. Eisenberg, The Structure of Corporation Law, Columbia Law Review, vol. 89 (1989).

［6］ lizabeth Boros, "Virtual Share holder Meetings: Who De-cides How Companies Make Decisions?" Melbourne University Law Review, 28, 2004.

［7］ Anatolivander Krans "The Virtual Share holders Meeting: How to make it work?" Journal of International Com-mercial Law and Technology, 2 (1), 2007.

［8］ Committee on CorporateLaw, A. B. B., Changes in the Model Business Corporation Act——Amendments Pertaining to Electronic Filings, Business Lawyer, Vol, 53, November1997.

［9］ James Baarda, "Co-op Directors Held to High Standards", Rural Cooperatives, 2002.

［10］ Fama, E. F. and M. C. Jensen, 1983, "Separation of Ownership and Control", Journal of Law and Economics, Vol. 26.

［11］ The corporate board: Confronting the paradoxes. A. Demb, and F. -Friedrich Neubauer, Oxford University Press, Oxford, 1992Jun; 25 (3).

［12］ Cyril O'Donnell, Origins of the Corporate Executive, 26 Bull. of the Bus. Hist. Soc. (1952), Franklin A. Gevurtz.

［13］ Defond, M. L. and J. Jiambolvo, 1993, "Factors Related to Auditor-Client Disagreements Over Incoming-Increasing Accounting Methods", Contemporary Accounting Research 9.

二、中文类参考文献

（一）中文著作

［1］ 孔祥俊：《中国集体企业制度创新——公司制·合作制·股份合作制》，中国方正出版社1996年版。

[2] 白立忱主编:《外国农业合作社》,中国社会出版社 2006 年版。

[3] 唐宗焜:《合作社真谛》,知识产权出版社 2012 年版。

[4] 王玉梅:《从农民到股民——农村社区股份合作社基本法律问题研究》,中国政法大学出版社 2015 年版。

[5] 康德琯、林庆苗、史生丽:《股份合作制理论与立法的基本问题》,中国检察出版社 2002 年版。

[6] 陈水乡:《北京市农村集体经济有效实现形式的实践与探索》,中国农业出版社 2011 年版。

[7] 朱圆:《美国公司治理机制晚近发展》,北京大学出版社 2010 年版。

[8] 朱庆育:《意思表示解释理论———精神科学视域中的私法推理理论》,中国政法大学出版社 2004 年版。

[9] 韩松:《集体所有制、集体所有权及其实现的企业形式》,法律出版社 2009 年版。

[10] 江阴市史志办公室编:《江阴年鉴 2007》,方志出版社 2007 年版。

[11] 李劲民:《山西农村集体产权制度改革研究》,中国社会出版社 2016 年版。

[12] 谢忠平:《城市社区党的建设理论与实践创新》,天津人民出版社 2014 年版。

[13] 陈天宝:《农村社区股份合作制改革及规范》,中国农业大学出版社 2009 年版。

[14] 李如霞、刘芳编:《征地补偿疑难问题专家解析》,中国法制出版社 2012 年版。

[15] 李建伟:《公司制度、公司治理与公司管理——法律在公司管理中的地位与作用》,人民法院出版社 2005 年版。

[16] 卞耀武主编:《法国公司法规范》,李萍译,法律出版社 1999 年版。

[17] 徐文彬:《特拉华普通公司法》,中国法制出版社 2010 年版。

[18] 施天涛:《公司法论》,法律出版社 2018 年版。

[19] 甘培忠:《企业与公司法学》,北京大学出版社 2018 年版。

[20] 柯芳枝:《公司法论》,三民书局 1991 年版。

[21] 佟柔主编:《中国民法学·民法总则》,中国人民公安大学出版社

1990年版。
[22] 赵秉志总编：《澳门商法典》，中国人民大学出版社1999年版。
[23] 赵旭东主编：《公司法论》，人民法院出版社2005年版。
[24] 高程德主编：《现代公司理论》，北京大学出版社2000年版。
[25] 李锡勋：《合作社法论》，三民书局1982年版。

（二）中文期刊

[1] 陈剑波："农地制度：所有权问题还是委托——代理问题"，载《经济研究》2006年第7期。
[2] 徐秀英、赵兴泉、沈月琴："农村社区股份合作经济组织的治理——以浙江省为例"，载《现代经济探讨》2015年第10期。
[3] 方志权："农村集体经济组织产权制度改革若干问题"，载《中国农村经济》2014年第7期。
[4] 张茜："农村集体经济实现形式的现代转型——以山东省东平县土地股份合作社为例"，载《东岳论丛》2015年第3期。
[5] 杨一介："我们需要什么样的农村集体经济组织？"，载《中国农村观察》2015年第5期。
[6] 陈美球、廖彩荣："农村集体经济组织：'共同体'还是'共有体'？"，载《中国土地科学》2017年第6期。
[7] 管洪彦："农村集体经济组织法人治理机制立法建构的基本思路"，载《苏州大学学报（哲学社会科学版）》2019年第1期。
[8] 傅晨："'新一代合作社'：合作社制度创新的源泉"，载《中国农村经济》2003年第6期。
[9] 赵冉、苏群："美国、日本农业合作社发展特点及启示"，载《世界农业》2016年第5期。
[10] 费孝通："二十年来之中国社区研究"，载《社会研究》1948年第77期。
[11] 王玉梅："农村社区股份合作社商主体地位之确立"，载《中国商法年刊》2015年第00期。
[12] 陈锡文："集体经济、合作经济与股份合作经济"，载《中国农村经济》1992年第11期。

[13] 施天涛："公司治理中的宪制主义"，载《中国法律评论》2018 年第 4 期。

[14] 黄辉："对公司法合同进路的反思"，载《法学》2017 年第 4 期。

[15] 罗培新："公司法强制性与任意性边界之厘定：个法理分析框架"，载《中国法学》2007 年第 4 期。

[16] 丁海俊："论民事权利、义务和责任的关系"，载《河北法学》2005 年第 7 期。

[17] 谭启平："'三权'分置的中国民法典确认与表达"，载《北方法学》2018 年第 5 期。

[18] 戴威："农村集体经济组织成员资格制度研究"，载《法商研究》2016 年第 6 期。

[19] 陈小君："我国农村土地法律制度变革的思路与框架——十八届三中全会《决定》相关内容解读"，载《法学研究》2014 年第 4 期。

[20] 葛洪义、张顺："人的理性的法律表达"，载《天津师范大学学报（社会科学版）》2015 年第 2 期。

[21] 臧之页、孙永军："农村集体经济组织成员权的构建：基于'股东权'视角分析"，载《南京农业大学学报（社会科学版）》2018 年第 3 期。

[22] 熊明华："论股东质询权的行使与法律救济"，载《特区经济》2011 年第 2 期。

[23] 李建伟："论上市公司股东的质询权及其行使"，载《证券市场导报》2006 年第 3 期。

[24] 许可："股东会与董事会分权制度研究"，载《中国法学》2017 年第 2 期。

[25] 罗培新："股东会与董事会权力构造论：以合同为进路的分析"，载《政治与法律》2016 年第 2 期。

[27] 丁海俊："论民事权利、义务和责任的关系"，载《河北法学》2005 年第 7 期。

[28] 罗培新："公司法强制性与任意性边界之厘定：一个法理分析框架"，载《中国法学》2007 年第 4 期。

[29] [美] 杰弗里·N. 戈登：" 公司法的强制性结构"，黄辉译，载王保树主编：《商事法论集》，法律出版社 2007 年版。
[30] 郭锐：" 商事组织法中的强制性和任意性规范——以董事会制度为例"，载《环球法律评论》2016 年第 2 期。
[31] 熊娜：" 国内村民代表会议制度研究综述"，载《社会主义研究》2011 年第 1 期。
[32] 董江爱：" 村民代表会议的制度化：直接民主理念的实现"，载《马克思主义与现实》2005 年第 1 期。
[33] 陈晓莉：" 村民代表会议制度的实际效能及其完善——基于对苏村的观察"，载《华南农业大学学报（社会科学版）》2010 年第 2 期。
[34] 唐鸣：" 村民会议与直接民主"，载《华中师范大学学报（人文社会科学版）》2009 年第 6 期。
[35] 王宗正：" 网络股东大会：中国实践与制度构建"，载《江海学刊》2017 年第 5 期。
[36] [美] 托马斯·莱塞尔：" 德国股份公司法的现实问题"，刘懿彤译，载《法学家》1997 年第 3 期。
[37] 李永忠：" 票决制的思考"，载《理论学刊》2003 年第 2 期。
[38] 王保树：" 股东大会的地位及其运营的法理"，载《中国社会科学院研究生院学报》1995 年第 1 期。
[39] 邓峰：" 董事会制度的起源、演进与中国的学习"，载《中国社会科学》2011 年第 1 期。
[40] 虞政平：" 论早期特许公司——现代股份公司之渊源"，载《政法论坛》2000 年第 5 期。
[41] 吴伟央：" 公司董事会职能流变考"，载《中国政法大学学报》2009 年第 2 期。
[42] 关绍纪、朱建君：" 美国银行制度的改革和联邦储备体系的建立"，载《山东大学学报（哲学社会版）》1998 年第 1 期。
[43] 仲继银：" 迷失的董事会中心主义"，载《董事会》2014 年第 2 期。
[44] 刘观来：" 合作社治理结构法律制度研究"，中国政法大学出版社 2018 年版。

［45］王东光："德国工商业与经济合作社法"，载《商事法论集》，法律出版社 2007 年版。

［46］孙强："论我国上市公司独立董事制度"，载《中国青年政治学院学报》2010 年第 06 期。

［47］彭真明、江华："美国独立董事制度与德国监事会制度之比较——也论中国公司治理结构模式的选择"，载《法学评论》2003 年第 1 期。

［48］刘俊海："我国《公司法》移植独立董事制度的思考"，载《政法论坛》2003 年第 3 期。

［49］唐朝金、陈薇："前 7 个月每天至少有一名独董辞职"，载《河南商报》2014 年

［50］蒋大兴："独立董事：在传统框架中行动？（上）"，载《法学评论》2003 年第 2 期。

［51］顾功耘、罗培新："论我国建立独立董事制度的几个法律问题"，载《中国法学》2001 年第 6 期。

［52］郭秀华、王冠宇："企业社会责任与公司治理国际研讨会综述"，载《中外法学》2008 年第 1 期。

［53］谢朝斌："股份公司独立董事任免制度研究"，载《河北法学》2004 年第 7 期。

［54］孙强、季青："论我国独立董事制度的完善"，载《山东大学学报（哲学社会科学版）》2007 年第 5 期。

［55］马更新："完善我国上市公司独立董事制度建设的思考"，载《政法论坛》2002 年第 6 期

［56］吴晓锋："论我国独立董事制度的实施障碍及其完善"，载《广东社会科学》2004 年第 4 期。

［57］王丽玉："公司经济人制度之研究"，载《辅仁法学》第 10 期。

［58］王保树、钱玉林："经理法律地位之比较研究"，载《法学评论》2002 年第 2 期。

［59］张维迎："质疑中国职业经理人的职业操守"，载《中外管理导报》2001 年第 1 期。

［60］刘晗洁："经济学与管理学双重视角下深度审视我国的家族企业"，

载《中国城市经济》2010 年第 5 期。

[61] 王保树:"是采用集中理念,还是采用制衡理念——20 世纪留下的公司法人治理课题",载《民商法纵论——江平教授 70 华诞祝贺集》,中国法制出版社 2000 年版。

[62] 甘培忠:"公司监督机制的利益相关者与核心结构——由中国公司法规定的监督机制观察",载《当代法学》2006 年第 5 期。

[63] 孙强:"论上市公司内部监督机制的重构",载《宁夏大学学报(人文社会科学版)》2011 年第 1 期。

[64] 冯果:"变革时代的公司立法——以台湾地区'公司法'的修改为中心考察",载《南京大学学报(哲学·人文科学·社会科学版)》2003 年第 2 期。

[65] 姜荣吉:"难行监督之事的监事——日本监事制度的发展历程与启示",载《北方法学》2013 年第 7 期。

[66] 孙强:"论上市公司内部监督机制的重构",载《宁夏大学学报(人文社会科学版)》2011 年第 1 期。

[67] 江平、邓辉:"论公司内部监督机制的一元化",载《中国法学》2003 年第 2 期。

[68] 施天涛:"公司法的自由主义及其法律政策——兼论我国《公司法》修改",载《环球法律评论》2005 年第 1 期。

[69] 杨帆:"论公司治理结构中的外部监事制度",载《法学》2001 年第 12 期。

[70] 王文莉、王秀萍、张艳:"董事会、监事会特征对农村信用社绩效影响的研究——以陕西省的调研数据为例",载《生产力研究》2017 年第 1 期。

[71] 王军、邵科:"理监事会特征对农民合作社绩效的影响——基于我国果蔬合作社的实证分析",载《西部论坛》2015 年第 25 期。

(三)学位论文

[1] 何嘉:"农村集体经济组织法律重构",西南政法大学 2014 博士学位论文。

[2] 丁俊华:"中国特色社会主义农业合作社发展研究",河南大学 2011

年博士学位论文。

［3］胡盛明："西方合作社与农村股份合作制企业"，中国社会科学院研究生院 2000 博士学位论文。

［4］吕雪娇："马克思异化理论研究"，哈尔滨工程大学 2015 年硕士学位论文。

［5］任强："合作社的政治社会学"，浙江大学 2012 年博士学位论文。

［6］杨春禧："合作社主体法律制度的一般原理"，西南财经大学 2002 年博士学位论文。

［7］曹文娟："我国农民合作社法律制度研究"，中央民族大学 2011 年博士学位论文。

［8］徐小平："中国现代农业合作社法律制度研究"，西南政法大学 2007 年博士学位论文。

［9］朱晓娟："论合作社的主体性"，中国政法大学 2007 年博士学位论文。

［10］高达："农村集体经济组织成员权研究"，西南政法大学 2014 年博士学位论文。

［11］方流芳："公司、国家权力与民事权利的分合"，中国人民大学 1991 年博士学位论文。

［12］王亮："董事会中心主义的法律模式构建"，西南政法大学 2017 年博士学位论文。

［13］潘成林："董事任免制度研究"，吉林大学 2013 年博士学位论文。

［14］吴伟央："公司经理法律制度研究"，中国政法大学 2008 年博士学位论文。

［15］胡坚："股份公司监事会制度研究"，西南政法大学 2010 年博士学位论文。

［16］张满林："我国农民专业合作社治理问题研究"，北京林业大学 2009 年博士学位论文。

（四）网址及其他

［1］欧盟法律公开网站：https://eur‐lex.europa.eu/legal‐content/EN/TXT/? uri=CELEX：32003R1435.

［2］台湾地区法律公开网站：https://law.moj.gov.tw/LawClass/LawAll.aspx?

pcode=D0050112.

[3] 陈锡文接受《南方都市报》两会报道组的专访,载http://tv.cctv.com/2019/03/09/VIDEh3imfE9K6J53FZGCVKyi190309.shtml?spm=C53156045404.PKX COxLPAnP9.0.0.

[4] 《湖南省长沙市雨花区集体经济组织成员资格界定》,载http://www.yuhua.gov.cn/yuhua/wzdh/384213/384022/384133/384135/732223/.

[5] 山东省人民政府官方网站: http://www.shandong.gov.cn/art/2018/9/15/art_ 2258_ 28575. html.

[6] 《上海市浦东新区村经济合作社示范章程》,载http://www.pudong.gov.cn/shpd/InfoOpen/InfoDetail.aspx?Id=924026.

[7] 《东莞市农村(社区)集体资产管理实施办法》,载http://www.dg.gov.cn/cndg/zfwj/201802/aee7354f717043bc93dca549ea6b1e5a.shtml.

[8] 《民政部关于转发全国人大内务司法委员会贯彻村民委员会组织法研讨会会议纪要的通知》,载http://www.npc.gov.cn/wxzl/gongbao/2001-10/19/content_ 5276127. htm.

[9] 国际合作社联盟: http://www.ica.coop/coop/principles.html.

[10] 《关于转发〈宿豫区村股份经济合作社组建工作实施方案〉的通知》: http://www.suyu.gov.cn/syqxdz/zcwj/201812/61e40737838c4fff9cbfb955356f1bf9.shtml.

[11] 《关于印发〈扬州市村(社区)经济合作社(股份经济合作社)示范章程(试行)〉的通知》,载http://www.yangzhou.gov.cn/xxgk_info/yz_ xxgk/xxgk_ desc_ bm.jsp?manuscriptid=b30c078bbd2f4b47b902a77b54eb7bdc.

[12] 《晋安区村级股份经济合作社示范章程》,载http://jaq.fuzhou.gov.cn/xjwz/zwgk/zfwj/qzfwj/201902/t20190219_ 2763518. html.

[13] 《海淀区人民政府关于农村集体资产管理的意见》,载http://www.beijing.gov.cn/zfxxgk/11F000/gzdt53/2012-05/04/content_ 302629. shtml.

[14] 《罗源县村级股份经济合作社示范章程》,载http://www.luoyuan.gov.cn/xjwz/zwgk/zfxxgkzl/xrmzf/rmzf/gkml/xzfggzhgfxwj/201907/t20190701_ 2929480. htm.

后 记

本书从最初动笔到最后付梓,历时近三年,其间数易其稿,有过困顿,有过焦虑,也有过豁然开朗。现在终于写到了本书的最后,最想说的是感谢。

衷心感谢我的博士生导师管晓峰教授。感谢老师十年来对我的肯定、鼓励和指导。"师者,所以传道授业解惑也。"感谢老师不仅教我做学问的法门,也教我做人的道理。在本书选题、写作过程中老师倾注了很多心血,如今出版,希望能够跟老师分享这一喜悦。

衷心感谢我的母亲。感谢母亲两年来帮我照顾女儿,使得我能够有时间开展学习和研究。母亲是一个积极乐观、勇于付出的人。母亲对我的支持平凡而伟大。今天恰是母亲的生日,在此祝福她福寿安康,长命百岁。

衷心感谢自己的坚持。本书撰写过程中我经历了怀孕、生女以及诸多变动,感谢自己从未放弃。这本书是我出版的第一本专著,书中一些结论未必妥当,论证也尚缺乏功力,但它之于我就像沙漠里开出的花,承载着我初窥学问门径的欣喜,鼓励我继续努力前行。

最后，还要提前感谢本书的读者。见字如面。期待能够并肩同行，使此项研究得以更加深入。

孙迎春

2020 年 7 月 20 日